Eurydice Reinert Cend

Les amazones du Knoryl

(tome. 1)

L'escapade rituelle

EURYUNIVERSE ÉDITIONS

AF792922

ISBN : 978-2-36331-128-3
EAN : 9782363311283

www.euryuniverse.net

Auteure-conférencière, poétesse, romancière, essayiste, parolière et conteuse, membre de la SACEM et de la SOFIA

Biographie

Eurydice Reinert Cend est née au Bénin en 1969. Elle obtint son baccalauréat à New-York, U.S.A., où elle séjourna pendant 3 ans et réside en France depuis 1991.
Titulaire d'un DESS en Communication Multimédia et d'une maîtrise en Business Management, elle écrit depuis l'âge de quatorze ans et explore divers genres littéraires dont la poésie, le conte, la nouvelle, le roman et l'essai... Eurydice Reinert Cend a publié plus d'une vingtaine de livres depuis 2005. Auteur-conférencière, elle est également membre des associations littéraires suivantes : **l'ADILL**, la **Sofia, la Société des Auteurs Francophones.** Eurydice a été choisie en tant que membre du jury de **la Fondation SNCF** pour la lutte contre l'illettrisme de 2012 à 2014.

Voir le site Internet pour plus d'information concernant ses œuvres littéraires et sa revue de presse :
http://euryuniverse.wix.com/euryuniverse

Bibliographie

Aux éditions Euryuniverse :

- ***Les amazones du Knoryl, Vol.1 (roman), 2014***
- ***Traits d'union (poèmes), 2014***
- ***Sous le baobab, écoute : Contes et légendes d'Afrique Vol.2, 2012***
- ***Baudelaire est mort, vive le poète, (livret d'opéra), Euryuniverse éditions, juin 2012***
- ***Maman, comme un doux chant***, (recueil de poèmes), 2012
- ***Pourquoi moi ?*** (roman), 2011
- ***Sous le baobab, écoute*** : Contes et légendes d'Afrique Vol.1, 2010
- ***L'impérissable quête Vol.2 : L'héritage de Yohanan***, (roman), 2010
- ***L'impérissable quête Vol.1 : M'aimeras-tu ?*** (roman), 2010
- ***Le droit d'aimer***, (roman), décembre 2008
- ***Parfums d'éternité***, (recueil de poèmes), novembre 2007
- ***Elle*, *Ode à la femme et à l'amour,*** octobre 2007
- ***N'ayons pas peur***, (essai spirituel), octobre 2007
- ***Contes d'aujourd'hui et de toujours***, novembre 2007
- ***La vie en poésie***, (recueil de poèmes pour la jeunesse), novembre 2007, réédité en novembre 2009
- ***Renaissance dans le CHRIST***, (témoignage), 2006

- ***Les chansons d'Eurydice***, (recueil de poèmes), 2006
- ***L'œil***, (recueil de poèmes), 2005
- ***Pépé Reinert, un centenaire visionnaire***, (biographie), 2003
- ***L'abécédaire de l'Amour pour Elle***, (guide relationnel), novembre 2009
- ***L'abécédaire de l'Amour pour Lui***, (guide relationnel), novembre 2009

www.euryuniverse.net

Remerciements

Un grand MERCI à mon ami Juan Miguel Aguilera pour sa grande gentillesse et pour sa générosité. Ce roman lui doit beaucoup grâce à son génie créateur, gentiment mis au service de cette œuvre, à travers la réalisation de la superbe couverture qui la met en valeur.

MERCI, du fond du cœur à mon ami Michel Van Leeuw, pour sa grande générosité de cœur. Sa relecture efficace, ses conseils et son intérêt pour mes écrits m'aident énormément.

Un grand MERCI à Lucie Bourgeois pour sa relecture perspicace et pour sa présence amicale.

Merci aux amis de toujours comme à ceux plus récents, votre présence et votre amitié m'importent véritablement.

Chers amis lecteurs, merci à vous du fond du cœur ! Vous êtes du nombre des braves qui osent encore l'aventure littéraire avec les auteurs peu médiatisés, qui avancent avec la passion de l'écrit au cœur.

Un clin d'œil affectueux à Danielle Ritter.

Avant - propos

Le mythe des amazones est l'un des plus extraordinaires dont se nourrit l'imaginaire humain depuis la nuit des temps. L'histoire avec un grand H nous révèle toutefois qu'il ne s'agit pas que d'une légende que, derrière le mythe, se trouvent ces femmes qui ont véritablement existé et qui ont délibérément choisi de vivre en marge des valeurs patriarcales, s'affranchissant ainsi des lois créées par les hommes. Elles ont été nombreuses à avoir bouleversé l'ordre des choses à leur époque, sur tous les continents, en des périodes déterminantes. Mais n'étaient-elles vraiment que ces rebelles assoiffées de sang qu'on nomme aussi des tueuses d'hommes, des *Oiorpata* ?

À travers *Les amazones du Knoryl,* une trilogie originale dont L'escapade rituelle est le premier volume, Eurydice Reinert interroge ce mythe des plus troublants, en s'appuyant véritablement sur ce que l'on sait de ces femmes-guerrières ayant existé et laissé une trace mémorable de leurs exploits.

Ce premier tome plonge le lecteur dans l'univers déroutant des amazones, au fil des pages, l'invitant à les suivre tout au long de leurs périples, notamment, au cours de l'un de ces voyages singuliers, dont on revient rarement indemne.

Un monde étrange, inscrit dans le mystère envoûtant de ces guerrières intrépides, qui s'avèrent également des amantes insaisissables et pleines de fougue, attend ici les audacieux assoiffés d'inédit, d'aventure et de légendes.

Knoryl : le royaume des amazones
Le Knorylséa la cité royale
Hasgolan : l'île visitée
Hoz : chef des iliens d'Hasgolan
L'Avajar : le navire de la reine
Le Thorus : 2ème navire
L'Injamon : 3ème navire
La reine : Blisskiss
Première conseillère et maîtresse de la reine : Sica
Ankora : fille de Blisskiss
Jakul : le dieu des eaux
Capitaines : Séliyem et Dasha
Omphalée : capitaine et sœur de Blisskiss
Hushka : titre de reine
Laskyl : la première reine des amazones du Knoryl

« Chercher à vivre en étant pleinement maître de sa destinée, tel est le privilège des êtres indomptables, conscients de leur valeur propre, et rebelles à toute fausse supériorité et aux idées surfaites. »

(Eurydice Reinert CEND)

Debout, sur le pont avant de l'Avajar, les mains accrochées à la rambarde du bastingage, une amazone chante une étrange mélopée :

« Femme quelle est ta vraie destinée ? Serait-ce dans l'accomplissement d'une existence extraordinaire, dans l'épanouissement de ton être, exalté par celui de tes instincts maternels, ou encore dans la pleine possession d'un immense pouvoir, indéfiniment consommé ? Qui sait vraiment ce dont rêve en réalité ton être complexe ? Toi, capable du meilleur comme du pire, vers quoi tend vraiment ton cœur, selon les cartes que t'offre le capricieux destin ? Lesquelles pourras-tu abattre sur l'étonnante table du sort, où les vivants se livrent sans cesse aux jeux incertains ?

Mais quelle que soit ta veine, je t'en prie, vis avant de n'être plus que l'ombre de l'ombre de tes pires cauchemars. Jouis pleinement de l'existence avant qu'elle ne se joue de toi en t'offrant le revers de ce à quoi tu tiens vraiment. Car, la vie est un jeu dont nous ne sommes que les misérables pions sur une immense table d'échiquier. Alors, bon vent, mal vent, ploie et déploie toujours opportunément tes voiles, sans jamais rien perdre de ta vraie substance, qui ne veut puiser qu'à la source des choses nobles et pures, quelles que soient leurs origines ! La nuit possède ses propres splendeurs, autant que le jour ses mystères. Ne dis donc jamais, « Quelle horreur ! », d'une chose dont tu ne connais presque rien, car la surface hideuse d'une coquille d'huître dissimule parfois la plus belle perle dont se réjouit l'univers. Ne t'exclame pas non plus « Ô, merveille des merveilles ! », en t'arrêtant sur ce qui ne te présente que sa meilleure face. Tu le sais aussi bien que moi, tout ce qui brille n'est pas d'or. Les plus belles des fleurs peuvent s'avérer vénéneuses et fatales. Si ton cœur est celui d'une amazone, ne crains rien d'autre que ce qui pourrait te ravir ta liberté et n'aie de cesse de te battre pour la conserver, toi, digne fille de la vie, qui n'existe que pour l'honorer ! »

Trois curieux navires voguent de façon sûre et maîtrisée sur les eaux tumultueuses de l'Océan Atlantique. A bord de chacun d'eux, des femmes dont la force et la capacité à combattre défient l'entendement, se dirigent vers une destination précise, soigneusement choisie. Elles font route vers les rives de l'île d'Hasgolan, une surface émergée de belle envergure, abritant une population pacifique. Le vaisseau de tête s'élance fièrement sur la crête des vagues, comme en terrain conquis. Son nom, l'Avajar, qui se prononce l'Avadjar. Comme ses suivants, il ressemble étonnamment à un drakkar avec double cale étagée. Mais à la différence de celui-là, il s'étend sur vingt-huit mètres de long, huit de large et six mètres de profondeur. Le fond de la cale supporte les vivres et, au-dessus, sur deux autres niveaux, les rameurs œuvrent à tour de rôle pour maintenir la navigation à un rythme régulier, sauf lorsque le vent permet de hisser la voile. Une quarantaine d'hommes robustes et endurants se chargent de ce travail fastidieux sur chacun des navires. Ces derniers, exclusivement des serfs dont l'existence est vouée à obéir aveuglément aux femmes, semblent pourtant satisfaits de leur sort. Au-dessus, occupant quasiment tout l'espace disponible, s'activent ici et là les amazones, ces femmes racées et fières dont la seule vue fait trembler nombre d'hommes peu habitués à voir une femelle exhibant grâce et autorité de façon aussi naturelle.

L'équipage, majoritairement féminin, se déploie fastueusement au niveau supérieur et sur le pont ! Une douzaine d'entre elles sort du lot pourtant par les riches parures ornant leur cou, le haut de chacun de leurs bras de même que leurs chevilles. De magnifiques colliers en or massif, finement ouvragés, cerclent leur cou. Des bracelets à tête de cobra, de dragon ou d'aigle entourent le haut de leurs bras. Leurs chevilles belles et fortes affichent également, chacune, un double cercle en or. Ces créatures superbes sont toutes légèrement vêtues, le haut du corps partiellement enveloppé d'une fine bande de lin, masquant la partie diminuée d'un sein au niveau de leur poitrine. Cette sorte de brassière est simplement nouée au-dessus de l'épaule de leur unique sein nu, fièrement dressé. Une étole en peau de bête fauve, jetée sur l'autre épaule, pend parfois librement au dessus d'une courte jupe. Celle-ci se limite à deux pans de cuir de hauteurs différentes, retenus autour de la taille par une cordelette, sans y être assemblés pour autant. Les cuisses luisantes de ces guerrières à la musculature sculpturale jaillissent superbement de ce vêtement à peine couvrant. Sa partie avant, souvent asymétrique ou rectangulaire et bien plus longue que celle arrière, ne retombe guère à plus de deux doigts au dessous des fesses. Des sandales de cuir lacées bien haut, au niveau des mollets, complètent leur toilette de façon élégante.

Les douze entourent une treizième comparse dont la beauté n'a d'égale que la force mystérieuse et souterraine qui émane de sa personne racée et fière. Ses yeux de braise semblent nourris d'un feu intérieur que rien ne semble pouvoir perturber. Elle tient le gouvernail et nul besoin des pouvoirs d'un mage pour comprendre qu'elle est la reine de cet équipage surprenant. Sa peau a la couleur du miel d'acacia. Elle reflète les rayons du soleil tel un doux miroir. Ses compagnes sont également de couleur plus ou moins dorée. Leur carnation foncée témoigne d'une exposition intense aux rayons solaires, sur d'innombrables générations. Chacun des trois navires transporte une centaine de passagers, aux deux tiers, de sexe féminin.

Leur voyage se poursuit sans difficulté majeure depuis sept jours déjà, et elles espèrent arriver à destination bientôt. L'Avajar précède le Thorus et l'Injamon à distance respectable, sans les perdre de vue. Les trois navires avancent dans une formation en V, dont la pointe représente la position de l'Avajar et les deux bouts du triangle ouvert, ses deux suivants.

Trois heures plus tard, le soleil décline déjà vers l'horizon embrasé par un bel écran de zébrures mordorées lorsque l'une des amazones s'écrie soudain joyeusement, tout en pointant l'index de sa main droite vers l'horizon :

« Terre, terre, terre, mes amies… Hasgolan est en vue ! »

Les amazones se sentent tout près de leur but. Elles s'apprêtent à aborder sur les rives de cette île lointaine sur laquelle elles feront provision de vivres et, pour un temps, d'hommes !

Le même enthousiasme se fait contagieux et, bientôt, tous les passagers s'activent gaiement dans la perspective de fouler bientôt la terre ferme. Plusieurs serfs montent sur le pont des jarres en terre cuite, des outres en estomac de chèvre, des sacs en toile de jute, tandis que les amazones s'organisent afin d'investir les lieux en toute sécurité.

Au loin, des pêcheurs remontent ou jettent leur filet à l'eau, naturellement, sans paraître perturbés par l'approche de ces énormes bateaux dont la partie haute de la proue affiche une superbe statue en bronze à l'image de Jakul, le redoutable dieu de la mer. Cette statue impressionnante est hissée sur une tige métallique incorruptible, soigneusement incorporée à la structure du navire au-dessus de la jointure de la coque. Les fines barres perforant le pilier qui la soutient se fichent solidement dans la coque au travers des poutrelles. L'ensemble est si adroitement ouvragé que la statue semble faire corps avec le navire.

Les bateaux viennent de jeter l'ancre. Trois amazones font route vers l'île, sur une barque mise à l'eau, en compagnie de six serfs. Ceux-ci pagaient vigoureusement en direction de la plage de sable fin et doré sur laquelle des bambins s'amusent et courent, non loin de leurs mères occupées à vider les poissons ramenés par les leurs. A peine les Knoryliens posent-ils pied à terre, qu'une délégation de cinq hommes dotés de lances surgit de l'intérieur des terres et avance dans leur direction, néanmoins sans agressivité. Séliyem, capitaine des amazones, se détache du groupe et s'avance aussitôt vers eux d'un pas décidé. Son carquois et son arc pendent pourtant de chaque côté de son imposante personne, sans oublier le glaive et le sabre qui dorment dans leurs fourreaux respectifs. Parvenue à environ quinze pas de ceux qui viennent à leur rencontre, la jeune femme croise les bras sur sa poitrine, mains sur les épaules, et se baisse légèrement, sans les quitter des yeux. L'homme à la tête de la délégation en fait de même, puis ils avancent à nouveau l'un vers l'autre.

« Bienvenue, sur notre belle île, amazone ! »

- Merci à toi, noble Hasgolian ! Nous venons en paix, comme il en a toujours été depuis d'innombrables lunes. Ma maîtresse, la reine Blisskiss, me charge de transmettre ses vœux de paix et de prospérité à votre peuple.

- Vous êtes la bienvenue chez nous, comme toujours. Nous

allons vous recevoir comme il se doit. Nous vous allouons l'espace du plateau surélevé qui se trouve vers l'Est, à un quart d'heure d'ici. Il s'agit de celui que vous connaissez bien, pour l'avoir déjà maintes fois occupé.

- Nous vous remercions pour votre sollicitude comme pour la qualité remarquable de votre accueil qui ne fait que s'affirmer davantage avec le temps.

- Le marché se tiendra sur la grande place de la cité après demain et dans cinq jours, selon l'habitude ! D'ici là, si vous avez besoin de quoi que ce soit, vous n'aurez qu'à en informer cet homme, qui répond au nom de Zaz. Il vous accompagnera là-haut, dès maintenant. Notre chef recevra votre reine un soir de son choix. A présent, nous vous laissons vous installer paisiblement.

- Merci à toi et à ton brave peuple, noble Hasgolian. Nous saurons nous montrer dignes de votre belle hospitalité.

Dès le départ du chef de délégation et des siens, Séliyem revient vers le navire et brandit une branche de palme, qu'elle secoue à trois reprises de gauche à droite. Les occupants de l'Avajar comprennent aussitôt le message et, bientôt, d'autres barques sont jetées à l'eau, transportant amazones et matériels divers. Les serfs sont continuellement à l'œuvre, maniant les rames, déchargeant les barques et charriant leur contenu vers le lieu de bivouac réservé à leurs maîtresses. Les femmes de l'île observent à distance ces va-et-vient incessants, tandis que leurs enfants se mêlent sans crainte aux nouveaux venus, poussant des cris de joie et courant sur leurs traces

Le campement prend rapidement forme avec les tentes en peaux de bêtes, tendues sur des piliers de bois, disposées en cercle au-dessus de la plate-forme allouée aux amazones. Sur la plage, Séliyem échange avec les femmes d'Hasgolan une belle cargaison de poissons fumés et de viande boucanée contre des épices et des bijoux en or, finement ouvragés. Tout est déjà en place pour le séjour des amazones lorsqu'une barque dépose Blisskiss sur la rive Est d'Hasgolan. Sans se faire aider, la jeune femme saute prestement de l'embarcation, les pieds revêtus de sandales en cuir aux lanières montantes, entrelacées et attachées presqu'au niveau des genoux, à l'arrière des jambes. Une fois à terre, elle marche vers l'intérieur des terres et adresse un geste de la main à la foule des gens assemblées ici et là, bouillonnant d'impatience à l'idée de voir passer la reine des amazones !

Et, la voilà, superbe et fière, avançant vers les siens de sa démarche altière et vive qui ne manque jamais de surprendre au passage ceux qui l'observent. Une tunique transparente nouée sur son épaule droite, à l'aide d'une boucle d'or, recouvre son corps jusqu'à mi-cuisses. Une large bande de cuir en peau de léopard ceint sa taille d'une finesse remarquable et dessine avantageusement ses formes sculpturales. Un bandeau attaché à l'arrière, contient la masse voluptueuse de sa belle chevelure d'un noir de jais, d'où pointe une plume bleue, sûrement rare. Son visage harmonieux affiche de grands yeux soulignés au khôl et s'étirant vers les oreilles par un trait léger qui se prolonge vers les tempes, accentuant son regard de braise qui semble capturer toute la lumière environnante. Un serpentin en or à tête de cobra orne délicatement le haut de son bras gauche et deux anneaux dorés cerclent joliment ses chevilles fines et racées. Il s'exhale de toute sa jeune personne une saisissante et rare majesté, comme si puissance et grâce s'étaient alliées ici en un seul être. Son allure de déesse fraîchement débarquée d'un royaume fabuleux, déclenche aussitôt d'innombrables murmures de vive admiration et autant d'exclamations. Les gens se bousculent pour la voir de plus près, tandis que les douze conseillères qui l'entourent de part et d'autre dissuadent quiconque de s'avancer trop près d'elle par leur seule présence imposante. Dans cette tenue légère éloignée de son équipement de guerre, autrement plus impressionnant, à l'évidence, la reine des amazones resplendit toute entière. Ce simple détail témoigne de sa présence amicale sur l'île d'Hasgolan, car la tenue vestimentaire de ces redoutables guerrières en dit souvent beaucoup sur leurs intentions. Un enfant n'ayant pas plus de sept ans se faufile habilement à travers les badauds et court se jeter contre les jambes de la reine, à la stupeur générale.

L’amazone en chef se baisse jusqu’à la hauteur du garçon, l’entoure de ses bras et lui caresse la joue avec une émouvante tendresse. Nul n’ose intervenir, la garde de la reine comprend qu’elle est alors inutile. Le jeune Hasgolan demeure ainsi, contre la reine pendant un instant, mais sentant le regard ahuri de la foule peser sur lui, il se détache finalement de ce corps chaud au contact duquel il se sent si bien et s’éloigne de celle dont la splendeur l’a ébloui, au point de l’amener à ce geste irréfléchi. Puis il lui offre un regard nourri de gratitude. L’innocence a été la plus forte et l’enfant a osé franchir la limite que ses aînés auraient estimée déraisonnable, porté par l’élan ingénu qui ignore les couleurs, les aspects et jusqu’au nom de l’anathème.

Enfin, le cortège entourant Blisskiss reprend la marche et parvient bientôt à destination. Le regard baigné d'une joie inexprimable, la reine avance sans y penser, émue par l'enfant qui vient de lui offrir, à sa façon, un présent inestimable. Elle est conduite à sa tente qu'elle s'empresse d'investir, dès leur arrivée au campement. Enfin seule, à l'abri de tout regard, elle prend une profonde inspiration, savoure cette sensation d'étrange plénitude qui l'habite depuis cette rencontre inopinée avec le tout jeune Hasgolian, puis elle se décide à examiner l'espace aménagé où elle séjournera pendant quelques jours. Un lit pliable composé d'une toile rigide, tendue aux extrémités et attachée à des tiges en bois, enfoncées dans le sol, occupe le fond. Plusieurs couches de nattes, recouvertes de tapis et de draps de lin fins rendent l'ensemble confortable. Quelques coussins confortables en fine toile de lin rehaussent l'allure de ce couchage sommaire. Non loin du lit, à droite, une somptueuse malle en bois de couleur sombre repose sur des planches disposées sur le sol, lui-même recouvert de larges tapis en jonc tressé. Elle renferme les vêtements et le nécessaire de toilette de Blisskiss. Deux jarres retournées supportent les lampes à huile qui éclaireront cette tente, de nuit. Une autre malle contenant la couronne et les armes personnelles de la reine se trouve à gauche du lit, sur un support en bois surélevé. A droite du lit, dans l'angle de la tente située face à l'entrée, un fauteuil en bambou invite au repos. Un pan amovible, alors rabattu vers l'extérieur, sert de porte à cet abri de fortune.

Blisskiss sort enfin de sa tente après en avoir pris possession et apprécié l'installation. Elle promène lentement son regard sur le reste du campement. D'autres tentes entourent de part et d'autre la sienne, qui se trouve quasiment au centre de toutes. Au beau milieu du plateau, un grand espace est jonché de nattes en raphia disposées de façon circulaire, à une distance respectable du centre où se dresse un bûcher prêt à flamber. Six autres tentes montées à l'arrière, un peu en retrait des autres, servent de cuisine pour trois d'entre elles et les autres de salles d'eau. L'emplacement qui leur est attribué affiche rapidement un aspect propre et accueillant grâce à l'efficacité de Séliyem et de Dasha, les deux capitaines en charge de l'installation du campement. Des serfs vont et viennent, sous leurs ordres, acheminant les vivres, l'eau et le nécessaire pour l'aménagement des tentes et le confort de leurs maîtresses. Satisfaite du bon ordre des choses offertes à sa vue, Blisskiss se lance alors dans une visite des lieux un peu plus poussée en compagnie de Sica, qui l'a rejointe dès qu'elle l'a vue s'avancer sur la place centrale.

« Hushka, il me semble bien que tout soit prêt pour notre séjour ! », avance la première conseillère, lorsqu'elles sortent de la troisième cuisine, après avoir inspecté les stocks de provisions. (Hushka est le titre de royauté par lequel les Knoryliens désignent leur souveraine.)

- Oui, Sica, c'est réjouissant de voir à quel point nos équipes sont efficaces et fiables, d'une expédition à l'autre, lui répond aimablement Blisskiss.

- Oui, nous pouvons compter sur chacune de nos équipes dans tous les domaines et c'est plutôt rassurant. Justement, voilà Séliyem qui revient de la cité de nos hôtes. J'espère qu'elle nous apporte de bonnes nouvelles ! s'enthousiasme Sica

- Je l'espère tout autant, lui assure la reine tandis que le capitaine Séliyem avance vers eux d'un pas vif et ferme.

- Hushka, nous avons pu dénicher des spécimens remarquables auprès des autochtones, grâce à l'aide de l'homme qui nous assiste dans nos démarches auprès d'eux.

- Voilà qui est bien ! approuve la reine, tout en poursuivant son exploration.

- Je vois que nous sommes prêtes pour les célébrations ! Ce soir, nous prendrons des forces et, dès demain, nous lancerons le début de notre programme.

- Bien reçu, Hushka. J'en informe les autres et nous nous coucherons peu après dîner, hormis les préposées aux gardes de nuit.

- Je dînerai dans ma tente en compagnie de Sica, précise encore Blisskiss.

- Très bien, Hushka, je préviens en cuisine afin qu'il en soit ainsi, acquiesce le capitaine, qui s'incline aussitôt après, puis s'en va.

Sous une vaste paillote située à l'arrière de la place du marché de la cité principale de l'île, des hommes attendent et discutent dans un remue-ménage peu ordinaire. Dès que certains d'entre eux remarquent le groupe composé de Séliyem, de Dasha et du guide Zaz, ils s'arrangent pour trouver la meilleure position possible afin de se faire remarquer d'eux. D'autres adoptent la même technique en se rendant compte de ce changement d'attitude soudain de la part de leurs camarades. Bientôt, c'est la bousculade. Une fois que les amazones et leur guide arrivent en face de la masse agglutinée d'hommes, accourus de partout, dès l'annonce de la présence des Knoryliennes sur l'île, au son des tambours, Zaz fait tinter une clochette métallique et tous se taisent presqu'aussitôt.

« Bonjour, mes amis. Je vois que vous êtes venus nombreux. La sélection sera rigoureuse, comme toujours, et seuls les meilleurs d'entre vous participeront aux veillées des amazones. Bien entendu, ce ne sera pas sans contrepartie et vous recevrez chacun votre solde en or, à l'issue des festivités auxquelles elles vous convieront. »

Pendant ce temps Séliyem et Dasha ne pipent mot, mais leur présence imposante est suffisamment éloquente pour que nul ne songe à déraper.

- Des questions ? interroge Zaz, tout en balayant l'assistance du regard, de façon rapide.

Mais personne ne répond, car tous souhaitent vivement passer à la suite des évènements.

- Bien, dans ce cas, mettez-vous en deux rangs. Vous défilerez ensuite lentement devant nous. Ceux qui seront désignés du doigt par l'une ou l'autre des amazones viendront se ranger à côté de moi. Les autres repasseront devant nous, trois autres fois, au cas où elles changeraient d'avis à propos de l'un ou l'autre de ceux qui n'auront pas été retenus dès le premier tour. C'est parti !

Deux files se forment à l'instant. Les hommes ne portent qu'un pagne court, noué autour des hanches. Les muscles saillants des plus robustes luisent à l'envi, probablement huilés de façon méticuleuse afin de les rendre plus attrayants. Des mâles de toutes sortes de corpulences exposent ici leur corps, gonflant parfois le torse plus que nécessaire, jouant de leurs meilleurs atouts afin de faire partie du lot de ceux qui iront rejoindre les fières guerrières.

Séliyem et Dasha ne chôment pas et, bientôt, près d'une centaine d'hommes se retrouvent du côté des gagnants. Elles sont sur le point de s'arrêter lorsque les yeux de Séliyem croisent ceux vifs d'un gringalet, qui l'observent avec insistance. L'amazone fait signe à l'homme d'approcher. Mais un autre, bien plus costaud le pousse et essaie de se faire remarquer. Le jeune homme bousculé se retourne, instinctivement, et plaque le malotru au sol, en lui retournant le bras, avant même que celui-ci ne réalise ce qui lui arrive. La fulgurance du geste de défense de l'agressé surprend autant l'assemblée qu'elle intercède en sa faveur. Sur un autre signe de main de l'amazone qui l'a l'interpelé, l'homme se relève, laissant là celui qu'il vient de maîtriser, et rejoint tranquillement la file de ceux qui ont été choisis, un sourire victorieux aux lèvres.

Le lendemain, dès après la collation du matin, les amazones apprêtent leur toilette pour le soir. Jupes, robe, tuniques plus ou moins courtes, bijoux, parures, panoplies de maquillage, sandales, etc., autant d'éléments que nulle ne néglige, en espérant être la plus désirable au cours de la fête qui aura lieu le soir. Les serfs assistent leurs maîtresses avec dévouement dans l'accomplissement de multiples tâches. Les nattes rentrées pour la nuit sont à nouveau dépliées sur la place, comme la veille. Dès que la nuit siège en force partout, faisant place à la présence dominante des ombres, le bûcher central est allumé par deux serfs. Des tapis soyeux sont déroulés par-dessus plusieurs couches de toile rigide étalées sur les nattes. De multiples coussins en soies multicolores parsèment l'ensemble de façon réjouissante pour les yeux. Tout autour du campement, de hautes haies de bambou isolent les Knoryliens du reste de l'île, offrant aux amazones une discrétion plus qu'appréciée.

Des corbeilles de fruits, des assiettes jonchées de lamelles de viande de phacochère séchée et fumée, d'autres débordant de morceaux de poissons frits, de beignets sucrés ou salés, des jarres de vin ainsi que d'innombrables plateaux supportant des coupelles en terre cuite, sont disposées aux quatre coins de la place. Des serfs, richement vêtus, attendent sereinement derrière toutes ces victuailles. Quatre amazones surveillent le bon déroulement des dernières tâches utiles à la mise en place. Elles iront également superviser la garde du campement, confiée à une douzaine d'amazones armées jusqu'aux dents, dès le début des festivités.

Au son des tambours, qui se mettent à résonner soudainement, une bonne heure après le coucher du soleil, les amazones sortent enfin de leurs tentes, apprêtées pour l'occasion. Un incroyable défilé de jeunes filles et de femmes, toutes extrêmement bien mises et fort désirables, se déploie dès lors sur la place. Parées de leurs plus beaux atours, les amazones font joyeusement cercle autour du feu. Un cor résonne une première fois, peu après leur arrivée, faisant momentanément taire les tambours. Les amazones étendent aussitôt les bras de sorte à toucher les épaules de leurs voisines immédiates, de part et d'autre, fermant complètement le cercle. Au deuxième son du cor, elles se mettent à tourner autour du feu, toujours en cercle, tout en ondulant des hanches. Au troisième appel du même instrument de musique, la reine Blisskiss sort de sa tente et s'avance vers le cercle, qui s'ouvre aussitôt afin qu'elle s'y intègre. Au bout de sept rondes effectuées avec la reine, dans cette même formation, le groupe s'arrête et la souveraine s'installe dans un somptueux fauteuil en bois sombre, doté d'accoudoirs plats. Elle lève la main droite et fait un signe en direction de ses consœurs. Celles-ci prennent alors place à leur tour sur les nattes recouvertes de tapis soyeux, disposées autour du feu. Assises en face de la reine Bliss-kiss, elles attendent la suite des évènements avec impatience. Sur un autre signe de main de la maîtresse de cérémonie, les tambours redoublent d'ardeur. Sept danseuses se détachent du groupe des femmes, s'avancent au centre du cercle et entament une danse langoureuse. Sous les regards enthousiastes de leurs semblables, elles se déhanchent de façon sensuelle et lascive, face au feu. De temps à autre, elles se baissent puis se redressent, bras tendus vers le ciel et mains levées en forme de coupes. Par ce geste rituel d'offrande, elles invoquent la bienveillance des dieux auxquels elles consacrent cette danse afin qu'ils voient la célébration rituelle qui commence d'un bon œil et qu'ils exaucent leurs vœux. Puis les tambours changent de rythme. Blisskiss se lève alors, avance un peu plus près du centre du cercle et, d'une voix veloutée et forte, s'adresse aux amazones qui viennent de se mettre debout à sa suite :

« Mes amies, nous sommes ici afin de perpétuer une tradition qui nous permet d'assurer la survie de notre peuple depuis l'existence des premières amazones du Knoryl. Sur la trace de nos aînées, nous venons en paix sur cette île afin de nous renouveler. Vous vous êtes toutes merveilleusement apprêtées pour l'occasion, ce qui ne manquera pas de réjouir les dieux autant que je le suis moi-même. Vous faites plaisir à voir et vous faites honneur à la digne et noble lignée des amazones. C'est pourquoi je m'en vais célébrer à présent le rituel en vigueur pour la sanctification de ce moment, comme pour ceux à venir, tout au long de notre séjour. » Une amazone restée en dehors du cercle s'avance alors vers la reine et lui tend un poignard en or, à la pointe bien aiguisée. Blisskiss s'empare aussitôt de l'arme, l'élève des deux mains bien au-dessus de sa tête, puis s'exclame :

« Ô dieux, vous qui régnez depuis si longtemps, que même le temps ne se souvient plus de vos débuts, nous venons à vous, humblement, et nous venons quérir la vie qui nous permettra de poursuivre notre chemin en nous renforçant, toujours plus. Accordez-nous de pouvoir prolonger l'œuvre initiée par nos prédécesseurs, en nous octroyant l'abondance et la fertilité nécessaires au maintien de notre peuple. En plus des festivités que nous vous offrons ce soir, voici mon sang, coulant goutte à goutte, par lequel nous vous renouvelons notre éternelle reconnaissance ! Que chaque soupir exhalé par tous ceux qui célèbrent ici la joie et, par-delà elle, la vie, se mêle au doux souffle du vent et s'élève vers vous, jusqu'aux confins de l'univers ! Ce n'est pas un holocauste humain ni même d'animal que nous vous offrons, mais la joie même qui sublime, encense et célèbre votre grandeur dans nos cœurs !», achève de proclamer la reine, en se piquant le bras gauche de la pointe aiguisée de la dague en or. Plusieurs gouttes de son sang s'écoulent alors au milieu des braises. Blisskiss maintient vaillamment son bras au-dessus du brasier jusqu'à ce que douze gouttes de son sang y soient tombées. Seulement après, éloigne-t-elle enfin son bras des flammes qui se sont déjà élevées plus d'une fois comme pour le pourlécher. Sica, qui assiste silencieusement la reine et qui se tient près d'elle, lui tend aussitôt une cuvette remplie d'un mélange d'eau fraîche et de blanc d'œuf d'autruche. Blisskiss y plonge alors avec soulagement le bras qui vient d'être exposé à une forte chaleur, tout en se retenant de manifester le moindre signe de faiblesse face à l'assistance. Sica, première conseillère et favorite de Blisskiss jette alors dans le feu une pleine poignée d'une poudre résiduelle de plantes aux fines senteurs aromatiques. De doux effluves parfumés embaument aussitôt toute la place, égayant davantage les esprits déjà fortement captivés par cet étrange cérémonial. Toutes en chœur, les amazones psalmodient dès lors une hymne destinée à apaiser les dieux et à attirer leurs faveurs sur leur peuple.

De sa main gauche, une fois encore, la reine fait signe aux musiciens, qui se remettent à faire résonner de plus belle tambours, cymbales et flûtes, puis s'assied. Toutes reprennent place sur les couches au sol. Des serviteurs accourent alors de partout, proposant généreusement boissons et mets variés aux participantes. Deux amazones viennent d'entrer dans le campement en compagnie d'une bonne centaine d'hommes, tous natifs de l'île, dont leur dévoué guide Zaz. Les Hasgolians présents sont tous robustes et racés. Ils avancent vers le cercle, pénètrent à l'intérieur et vont s'agenouiller l'un après l'autre devant Blisskiss, selon les recommandations des guerrières qui les encadrent, avant d'aller prendre place autour du feu, face aux amazones déjà assises. Tous boivent et mangent avec un plaisir manifeste, tout en couvant des yeux les sublimes créatures installées tout près d'eux.

Une fois qu'ils ont tous mangé et bu, à leur guise, Blisskiss tape des mains trois fois et toutes les amazones prenant part au rituel se lèvent et commencent à danser autour du feu. Leurs corps souples et fermes inscrivent dans l'espace lumineux des formes voluptueuses, à damner les saints de toute contrée. Ondulant d'avant en arrière de manière subtile, tout en se déhanchant avec grâce, elles s'avancent enfin, chacune, vers le mâle de leur préférence et l'entraînent volontairement dans un corps à corps défiant l'entendement. Plusieurs amazones se retrouvent parfois avec un seul homme pour les satisfaire. Dans cette étonnante quête de jouissance maximale, les corps alors imbriqués dessinent autant de figures imaginables que possibles. Amazones et Hasgolians se mêlent, s'entremêlent de façon inconcevable et démente pour l'esprit habitué aux choses ordinaires. Seule Blisskiss reste à l'écart de cette orgie monumentale qu'elle honore, pourtant, par sa présence. Au fil des heures et au gré du jeu des tambours qui libèrent alternativement des rythmes pénétrants, parfois lents ou endiablés, la place centrale du campement voit les êtres se consumer d'une fièvre ravageuse, visiblement bien plus ardente que celle des flammes qui s'élèvent bien haut au-dessus du sol pour éclairer ce spectacle stupéfiant de lueurs fantasques.

Pendant ce temps, comme toujours, en attendant la relève, l'autre moitié des amazones est restée en surveillance sur les navires. Certaines s'amusent à la devinette ou à d'autres jeux de l'esprit. D'autres sommeillent ou veillent, selon qu'elles sont de service ou non. La vie continue à bord au rythme lent qu'impose l'attente qu'on ne peut que subir.

A l'écart de la cité, à l'endroit où elles viennent de dresser leur campement, celles qui se trouvent à terre en profitent pour faire du troc et, surtout, pour entraîner les hommes qu'elles ont jugé dignes d'elles dans des veillées orgiaques à faire rougir les dieux. De véritables scènes licencieuses se succèdent ainsi chaque nuit autour du grand feu. Après avoir fait provision des irrésistibles vins et des mets succulents disponibles à foison, les amazones soumettent tout à fait à leur volonté ceux qui les suivent dans ces phénoménales cures de débauche. Sept nuit durant, ces femmes prennent possession des lieux et des mâles virils et sains, à même de les satisfaire et de contribuer au renouvellement de leur peuple ainsi qu'à sa survie.

A l'aube du quatrième jour de la présence des amazones sur l'île, après avoir entretenu les ardeurs de plus d'une Knorylienne, de façon soutenue, Zaz rentre enfin chez lui. Son pas irrégulier et quelque peu chancelant trahit les excès d'une nuit plus que tumultueuse. L'homme avance alors plus par habitude que porté par la raison d'un esprit disposant encore d'une vision claire des choses. Il n'aspire plus qu'au repos, en attendant de retourner auprès des belles, dès le lendemain soir. Effectivement, les amazones ont institué un système de rotation afin de jouir de leur court séjour sur l'île de la plus profitable façon possible. Ainsi, un même homme ne peut être admis auprès d'elles plus de deux nuits d'affilée. Tous les deux jours, un nouveau groupe se présente pour prendre le relais du précédent. Seuls des mâles affichant une forme physique et mentale indiscutable sont sélectionnés, chaque fois pour participer aux soirées rituelles de ces visiteuses aux mœurs spéciales.

Une voix moqueuse et incisive hèle vivement l'Hasgolan, tandis qu'il contourne un bosquet afin de rallier une ruelle transversale :

« Ô, toi, grand Zaz, brave parmi les braves hautement estimé des nobles amazones… ! »

A ces mots, le guide se redresse un peu et essaye de se donner une soudaine contenance afin de mériter ces propos alléchants. Il salue mollement son vis-à-vis d'un signe de la tête et s'apprête à balbutier quelque réponse appropriée, mais l'autre le devance :

- Eh, bien, où vas-tu ainsi, par ce frais matin ?

- Je rentre chez moi, mon brave, je rentre chez moi ! répond Zaz, en avalant la moitié des mots.

- C'est le moins qu'on puisse dire ! Visiblement, il te faut beaucoup de repos pour récupérer de ta belle nuit de débauche, pauvre esclave pourvoyeur d'esclaves ! le tance alors l'homme, d'une voix à présent acerbe et peu amène.

- Comment, tu m'insultes ou je rêve !

- Non, tu ne rêves pas ! tu n'es qu'un chien au service de ces tueuses d'hommes qui viennent chez nous se prévaloir de leur grandeur supposée, en réduisant les nôtres à des moins que riens. N'éprouves-tu donc aucune espèce de dignité pour toi-même, si ce n'est pour ceux de ton peuple ?

- Mon ami, tes paroles sont amères et pleines de fiel... je sens l'envie et la jalousie transpirer de chacun de tes pores. Je ne t'autorise donc pas à te tenir devant moi pour me faire la leçon car, à ce qu'il me semble, tu aurais bien aimé te retrouver à ma place... !

- Moi, vouloir être à ta place ? C'est le comble ! tu te figures vraiment que ton sort est enviable parce que, toi et tes idiots de serfs, vous rampez continuellement au pied de ses traînées contre un peu d'or et quelques faveurs ? Vraiment, je te croyais bien plus clairvoyant !

- Mesure donc tes propos, mon brave, si tu ne veux te retrouver devant le conseil royal pour en répondre. Ces amazones sont nos invitées et, en les insultant comme tu le fais, tu te rends coupable d'injure contre nos protégées, ce que le chef ne saurait pardonner ! Cesse de regimber de la sorte, à présent, et laisse-moi aller, pauvre vieux !

- Tu crois donc m'impressionner avec tes menaces ? Toi et ton chef, vous n'êtes que des larbins ânonnant et bêlant devant ces femelles et je me fiche bien d'être jugé pour avoir dénoncé votre couardise !

- Oh, du calme, mon vieux du calme... ! Rentre donc chez toi maintenant et laisse-moi aller en paix, veux-tu... ?

- Je ne te retiens pas, je te laisse poursuivre sur ta belle lancée. Mais auparavant, j'aimerais tout de même te rappeler qu'elles n'ont pas toujours été nos alliées, qu'elles ont même décimé une bonne partie de notre armée, avant de signer un pacte de paix, faisant de nous leurs obligés de bien des manières !

- Laisse le passé au passé, mon ami, et retourne ressasser tes griefs ailleurs ! Mes pauvres oreilles en ont plus qu'assez de t'entendre geindre comme une fillette effrontée.

- La fillette, ici, j'en suis sûr, ce n'est pas moi..., réplique le vieil homme en secouant la tête de façon désespérée, puis il tourne le dos à Zaz, qui s'ébranle à nouveau cahin-caha vers sa case, et s'en va. Ses femmes et ses enfants ne sont sûrement pas levés à cette heure matinale. Presque toute la contrée d'Hasgolan dort encore.

Le vieil homme qui vient d'agresser le guide a lui-même deux femmes qui lui ont donné une dizaine d'enfants à elles deux. La polygamie est pratique courante chez les Hasgolan à l'époque et les femmes sont plutôt soumises à l'influence des hommes de leur tribu, du père à l'époux, en passant par les oncles et les frères. Toutefois, aucun Hasgolan, sain d'esprit, ne traite la femme avec dureté et celle-ci peux s'exprimer avec modération au sujet de nombre de choses de la vie courante. La liberté est ici un mot presqu'inconnu, autant pour l'homme qui dépend de son clan et de sa tribu que pour la femme qui rend compte aux hommes de sa famille et à chacune des instances précédemment citées. Le vieil homme s'inquiète donc davantage des conséquences possibles de l'introduction des mœurs débridées des amazones chez les siens, et il n'est probablement pas le seul.

Effectivement, cinq générations plus tôt, à l'aube d'une sombre journée d'automne, peu de temps avant que les vents mauvais n'investissent l'océan, rendant toute navigation périlleuse, les Knoryliennes avaient débarqué en force sur l'île d'Hasgolan. Tuant tous ceux qui se trouvaient sur leur chemin, sans distinction, et semant ruine et destruction dans un formidable élan guerrier, les amazones avaient fondu sur les habitants tel un fléau terrible qu'on ne voit pas venir et qu'on ne peut que subir. Douze vaisseaux chargés, chacun, d'environ cent vingt passagers s'étaient positionnés non loin de la rive accessible de l'île, de façon à faciliter le débarquement des troupes. Soixante amazones aguerries et prêtes au combat avaient quitté chaque navire et s'étaient dirigées vers la plage à bord de barques légères, habilement jetées à l'eau. Une fois à terre, elles avaient rapidement pris place aux endroits stratégiques pouvant leur donner l'avantage sur les autochtones et s'étaient mises à se déployer de manière tactique vers la cité principale se trouvant à un quart d'heure de marche de la côte investie.

Les deux veilleurs de l'île, positionnés sur les hauteurs de façon à embrasser l'horizon du regard par-delà l'immensité de l'océan, sommeillaient alors de fatigue, ne se réveillant que par soubresauts, de temps à autre. Ils n'avaient réalisé que l'île était victime d'une invasion dangereuse que trop tard, lorsqu'ils furent tirés de leur torpeur par le bruit d'une barque tirée sur la plage et venant de heurter un rocher. Toutefois, avant même qu'ils n'émergent tout à fait de l'état d'engourdissement dans lequel ils se trouvaient pris, deux traits précis et vifs les atteignirent fatalement. L'un fut transpercé de part en part au niveau du cou et l'autre dans la poitrine, quasiment en plein cœur. Le premier n'eût plus qu'à émettre quelques effroyables gargouillis avant de s'étrangler dans l'amas de sang frais mêlé de salive qui venait d'affluer dans sa gorge, sans qu'il puisse l'évacuer normalement. Le second, probablement mort avant même de se rendre compte qu'il avait été blessé, ne fut déjà plus qu'une ombre se fondant dans le décor pour laisser place nette à l'intrusion.

Sept cent vingt guerrières terrifiantes et surarmées avaient encerclé la cité principale de l'île, alors sous le commandement du chef Nodz. Le corps de garde de la place forte avait été liquidé en un temps record, et les habitants maîtrisés. Des renforts, accourus de l'intérieur des terres au son du cor ayant donné l'alerte générale, étaient apparus aux portes de la cité deux heures plus tard. Les amazones qui s'attendaient à une tentative de reconquête de la ville principale, dorénavant sous leur contrôle, avaient riposté tout aussi promptement. Dans un élan farouche, que rien ne semblait pouvoir contenir, Thoria, l'une des princesses se trouvant alors à la tête d'un bataillon entier, s'était aussitôt dirigée vers les îliens venus à la rescousse des leurs.

Les amazones avaient promptement abattu une pluie de flèches sur les malheureux. L'une de celles décochées par la princesse avait produit un effet terrifiant sur l'adversaire, tant ce qui était alors advenu semblait inconcevable pour le commun des mortels. Thoria avait tiré une flèche qui était allée se ficher dans le corps de l'un des membres du camp adverse, tout en explosant. Une puissante déflagration s'en était suivie, faisant trembler le sol sur une grande distance, meurtrissant au passage bon nombre de ceux qui se trouvaient alors à proximité de la victime. Les témoins de ce phénomène effrayant s'étaient mis à pousser d'insoutenables cris d'épouvante. Les agonisants hurlaient de douleur, maudissant l'existence, elle-même, pour n'avoir pas été emportés par la faucheuse plutôt que d'avoir à souffrir mille morts, tout éveillés. Des torches humaines traînaient le peu d'énergie qu'il leur restait encore parmi les rangs de leur propre camp, au risque de brûler les leurs. Voyant cela, le reste de la troupe adverse avait pris la fuite dans un désordre inqualifiable. Les amazones n'avaient eu dès lors plus aucun mal à triompher des Hasgolians, qui s'étaient empressés de prêter allégeance à leur reine.

Depuis lors, subsiste le traité de paix qui a été signé entre les Knoryliennes et les vaincus, ces derniers tirant avantageusement profit de l'alliance stratégique qui leur permet, entre autres, de compter sur l'aide des redoutables guerrières, si nécessaire. Le trait explosif expédié par Thoria est resté dans la mémoire des autochtones, depuis ce temps, et tous redoutent les pouvoirs magiques de celles qui sont capables de produire de tels désastres, semble-t-il, avec peu de moyens. Ce don avait été fait à la princesse par une divinité guerrière, charmée par sa capacité extraordinaire à combattre et par son indéniable volonté de vaincre, toujours.

La reine des amazones ne participe à ces bacchanales se déroulant tous les cinq ans que par sa souveraine présence, qui rappelle le caractère sacré et l'importance de ce rituel étrange. Cette escapade particulière ne concerne alors que l'élite de Knoryl, d'autres plus fréquentes, destinées à l'ensemble des amazones, ayant lieu pratiquement tous les deux ans. Tout comme celles qui l'ont déjà précédée dans cette fonction, Blisskiss se réserve totalement pour l'être exceptionnel qui l'attend.

Le troisième soir, au beau milieu de l'une de ces célébrations rituelles, un homme, sûrement éméché, se détache des groupes de corps entremêlés sur la scène de la place centrale et s'approche de façon bravache de Blisskiss, toujours installée à bonne distance. L'amazone, qui assiste alors à ces ébats de façon lointaine, le laisse venir jusqu'à elle, sans broncher. L'homme s'apprête à poser une main sur sa jambe gauche, légèrement avancée lorsque, d'un seul regard flamboyant, elle le cloue sur place, l'obligeant à rebrousser chemin instantanément. L'Hasgolian s'en retourne aussitôt, tout tremblotant, après avoir ressenti l'étrange sensation qu'une puissance invisible l'oppressait de l'intérieur.

Ceux de l'assistance dont le regard n'a pas manqué de suivre l'homme dans cette malheureuse tentative d'approche ne manquent pas de prendre conscience de l'indéniable force qui sommeille en la personne de la reine dont l'aspect physique n'apparait pourtant pas de façon fortement musculeuse. L'audacieux s'en va piteusement rejoindre les ensembles de corps diversement déployés au sol pour quérir du réconfort dans les bras de l'une des amazones encore suffisamment affamée des plaisirs de la chair pour ne pas tenir compte de cette flagrante déconvenue.

A nouveau seule face au spectacle de ces hommes et de ces femmes qui s'accouplent sans vergogne, de toutes les façons possibles et imaginables, Blisskiss considère avec bienveillance ces scènes de copulation qui pourraient en rebuter plus d'un. Elle voit ses consœurs se livrer aux îliens avec une avidité évidente, sans le moindre sentiment de répulsion, sans jugement aucun. Là où l'œil de ceux qui, hostiles à la manière de vivre des amazones, ne verrait que lubricité, obscénité et dépravation, elle perçoit nécessité, consécration et pérennisation de son monde, celui des guerrières libres et braves. Elle voit là, également, la juste récompense de tout ce à quoi il leur faut sans cesse renoncer pour pouvoir jouir de leur pleine liberté, dans des conditions de vie toutes particulières.

Ces trois niveaux de compréhension lui permettent de considérer le spectacle qui se joue fébrilement sous ses yeux avec une rare et digne sérénité, d'autant plus qu'elle y assiste en tant que prêtresse suprême, justifiant ainsi du caractère hautement officiel de ces étonnantes veillées rituelles.

N'est-ce pas là un juste retour des choses, en somme, pour qui sait l'ampleur des sacrifices auxquels doivent consentir toutes celles qui font le choix difficile de devenir des amazones ! Vie conjugale, familiale, maternité complète..., autant de choses auxquelles elles ont résolument tourné le dos pour pouvoir exister en tant que des guerrières libres, affranchies de la domination séculaire des hommes ayant poussé leur aînées à faire ce choix difficile.

Bien évidemment, ces créatures qui participent à ces orgies nocturnes au caractère rituel le font aussi bien pour elles-mêmes que pour leur communauté. Elles veillent tout d'abord à la satisfaction de leurs propres désirs, puis à la survie des leurs à travers les naissances devant résulter de ces moments exaltants. En copulant ainsi en public avec ces étrangers, en présence les unes des autres, elles effacent incidemment de ces rencontres sexuelles tout caractère intime, ne prenant dès lors pas le risque de s'attacher peu ou prou à l'un ou à l'autre de leurs amants occasionnels.

Ces nuits d'orgie, pouvant choquer toute personne ayant une vision traditionnelle des relations hommes-femmes, appartiennent pourtant aux mœurs des amazones de façon tout à fait normale. Elles sont légitimées autant par leur caractère officiel que par celui de l'intérêt général, sans oublier le fait qu'elles participent à asseoir encore plus la troublante légende des amazones ! À l'évidence, ces femmes qui chevauchent les hommes lors de ces stupéfiantes mêlées des corps pour leur bon plaisir n'acceptent de ces derniers que ce qu'elles estiment utiles à leur pleine satisfaction. Elles en imposent autant par leurs manières entreprenantes que par leurs allures aguichantes. Pour elles, il ne s'agit pourtant que d'évènements appréciables s'inscrivant naturellement dans l'ordre des choses, tel qu'elles le conçoivent. C'est volontairement qu'elles se sont détournées des idées bien assises qui prévalent à l'époque un peu partout, sur cette terre des hommes dont elles n'occupent qu'une infime portion.

C'est mesurer le gouffre existant entre leur conception des choses de la vie, leurs valeurs et celles du reste du monde que de souligner le caractère normal de ces orgies rituelles pour ces femmes résolument hors du commun. Elles se fichent éperdument du qu'en-dira-t-on, ne se reconnaissant, au demeurant, nul maître parmi ceux de leur espèce. Aucun humain ne semble avoir suffisamment d'autorité au monde pour pouvoir leur dicter leur façon d'être ou de se conduire. Telle est leur vision des choses et tel est l'état d'esprit dans lequel se trouve Blisskiss, au beau milieu de ces fêtes orgiaques !

Lassée par ce spectacle qui ne lui offre vraiment rien de nouveau, la reine se laisse doucement glisser dans une sorte de rêverie qui la ramène à ses propres amours. Celui qu'elle espère de tous ses vœux sera bientôt là pour la satisfaire, et cette seule pensée suffit à lui faire oublier la solitude pesante qui est la sienne en ces moments étranges. Pour l'heure, elle se limite à contempler ses semblables, faisant le plein de jouissance, sans pouvoir satisfaire ses propres désirs. Mais les désirs d'une reine sont-ils seulement comparables en toutes circonstances à ceux de ces sujets ?

Elle sait bien qu'il n'en est rien, elle qui doit presque toujours se composer un visage d'humeur égale et sereine afin d'assumer les pesantes responsabilités qui lui incombent. Tel est, bien souvent, le prix à payer pour être à la tête d'une peuplade et non des moindres, celle des amazones du Knoryl, si hardies et braves. Une brise légère vient l'envelopper toute entière, lui murmurant un doux message de son bien-aimé, l'espace d'un bref instant. Un merveilleux sourire éclaire son superbe visage. Blisskiss fixe intensément les flammes qui dansent joliment en face, comme pour pénétrer leur mystère, y lit à travers les figures mouvantes qu'elles dessinent un message du bien-aimé. Une joie extatique sourd de ses reins, l'envahit toute entière et la laisse vibrante du désir intense qui monte en elle, savamment, et qu'aucun humain ne pourrait satisfaire. L'heure de sa propre réjouissance est proche. La reine le sent au plus profond d'elle et en frémit à l'avance, inévitablement.

Pendant ce temps sur l'Avajar comme sur les deux autres navires, les amazones s'occupent en prenant leur mal en patience. La plupart d'entre elles attendent d'être relayées par leur consœurs afin d'aller prendre part à leur tour aux cérémonies rituelles qui se déroulent chaque nuit au campement, depuis le lendemain de leur arrivée. Sur le Thorus, l'une de celles qui n'avaient encore jamais participé à ces soirées festives bouillonne d'impatience. Elle a hâte de découvrir ce qui se cache derrière ces mystérieuses nuits pour lesquelles il a fallu naviguer des jours durant, en bravant les éléments qui se sont montrés cléments, pour une fois.

« Raconte-moi, grande sœur, comment c'est, une veillée rituelle ? », demande-t-elle à l'une de ces aînées, n'en pouvant plus d'attendre. Chez les Knoryliens, le terme de grande sœur ou celui de mère est celui conféré aux aînées, qu'elles soient ou non issue de la même famille. C'est la première fois que cette fille prendra part à l'une de ces fêtes vouées à tous les excès et elle n'en peut plus d'attendre sans savoir ce qu'il en est vraiment. La jeune amazone interroge fébrilement l'une de celles qui l'ont déjà précédée sur ce terrain, en espérant ardemment en apprendre davantage.

- Patience, jeune tigresse, patience ! Ton heure approche et rien de ce qu'on te dira sur ces cérémonies ne s'approchera vraiment de la réalité. Une veillée rituelle, ça se vit, ça ne se raconte pas ! D'ailleurs, l'objectif premier ce n'est pas le souvenir mais le ressenti.

- Comment cela, ce n'est pas le souvenir ? J'aimerais pouvoir inscrire dans ma mémoire cette première fois, surtout si elle s'avère agréable, pour m'en souvenir plus tard, chaque fois que j'en ressentirai la nécessité.

- Ça, oui tu peux, mais tu verras qu'au fil du temps tu en seras très vite blasée et que tu ne chercheras plus à en chérir le souvenir mais, plutôt, à profiter des moments vécus.

- Ce que tu me dis là me semble bien étrange et j'avoue que je n'y comprends rien, avoue la cadette, d'un air perplexe. Son aînée reprend calmement l'explication, en espérant pouvoir satisfaire quelque peu l'enthousiasme juvénile de sa jeune camarade.

- Ecoute, tu viens tout juste d'être faite amazone, selon le rituel classique, et cela fait à peine deux lunes que tu as été déflorée. Il est donc sage que tu apprennes les choses étape par étape. Raison pour laquelle toutes les nouvelles amazones dont toi, n'assisterez aux veillées qu'après vos aînées. Une fois que nous avons balisé la voie, il est plus aisé pour vous de célébrer avec nous dans la joie qui stimule, plutôt qu'avec regret.

Selon la tradition, les jeunes amazones sont dépucelées par l'une des leurs aînées lors des veillées spéciales prévues pour l'achèvement du cycle d'apprentissage visant à faire d'elles des amazones accomplies. Ceci, afin de les apprêter aux veillées rituelles qui peuvent s'avérer déconcertantes et pénibles s'il leur arrive de tomber sur un partenaire brutal ou non expérimenté. Leurs consœurs les initient en douceurs aux jeux des sens, au préalable, afin de leur éviter toute déconvenue pouvant transformer ces célébrations festives en cauchemar suite à une mauvaise expérience sexuelle.

C'est également pour cette même raison que les amazones déjà habituées à ces rites y assistent les premières, au cours des trois premières nuits de veillée, afin d'épuiser quelque peu leurs partenaires et de leur enseigner, si nécessaire, l'art de les contenter sans dommage. Ensuite seulement associent-elles leurs cadettes à leurs jeux, tout en s'assurant qu'elles y prennent autant de plaisir que possible, n'hésitant pas à rappeler à l'ordre un amant éventuellement mal intentionné ou abusif. Ces soirées devant conserver leur caractère festif et sacré, elles veillent les-unes sur les autres afin que le meilleur et seulement le meilleur en ressorte, où qu'elles puissent avoir lieu. Cette fois-ci, leurs cérémonies rituelles ont lieu sur l'île d'Hasgolan. Mais, nombre de fois, elles se sont déroulées dans d'autres contrées plus ou moins pacifiques. Les hommes voyant d'un mauvais œil l'influence de cette race de femmes dominatrices sur les leurs, et faisant tout afin de limiter leur contact avec les membres féminins de leurs peuples. Consciente de tout cela, l'amazone essaye de satisfaire la curiosité de la novice, tout en faisant en sorte de la ménager quelque peu :

- Ma chère sœur, tu en sauras bientôt autant que moi-même sur ces choses de la vie qui enrichissent notre peuple, qu'elles soient ou non partagées par les peuplades régies par les hommes ! Ne sois donc pas si impatiente... l'heure approche où tu goûteras, toi aussi, à ces plaisirs de la chair qui t'excitent par avance, jusqu'à en être saturée. Conserve plutôt tes forces pour pouvoir les apprécier à leur juste valeur, lui enjoint encore son aînée.

- Je comprends bien que tu veuilles me protéger dans une certaine mesure, mais ne suis-je pas déjà une amazone ? N'ai-je pas passé toutes les étapes de l'initiation de façon remarquable et encourageante ? Qu'ai-je donc à craindre qui soit vraiment au-dessus des épreuves que je viens d'affronter ?

- Mais rien, mon amie, rien... ! Tu ne devras rien craindre d'autre que ta propre capacité à reconnaître et à accepter tes limites. Autrement, tu te consumeras toi-même au feu *inextinctible*[1] et vorace de tes impétueux désirs.

- Tout cela n'est donc pas sans risque... ? interroge encore la cadette.

- Sache que, dans la vie, rien n'est jamais anodin ! Toute vertu s'oppose à un vice et toute gloire contemple déjà sa propre chute ! Médite donc un peu cette maxime et comprends bien que vice et vertu sont les deux revers d'une même pièce, les deux faces

---

[1] **Inextinctible** : néologisme pensé par l'auteur pour caractériser un feu qu'on ne peut éteindre.

d'un même miroir. Là où certains voient du blanc, d'autres pourraient ne rien voir ou, même, voir du noir. Tout est question de bon sens, selon le point de vue des uns et des autres et conformément à leur nature.

- Là, tu me fais vraiment peur, chère grande sœur… !

- Il n'y a pas à avoir peur de ce que je t'explique, comme je te l'ai déjà dit. Souviens-toi simplement que la tribu des amazones, et en particulier la nôtre, n'est ni pire ni meilleure qu'une autre, dans l'absolu. Elle se cherche simplement sa propre voie !

- Hum hum…, acquiesce enfin la jeune amazone, sans vraiment saisir toutes les subtilités contenues dans ces derniers propos.

Il faut parfois toute une vie et peut-être même plus pour saisir le sens véritable de ces paroles riches en symboles qui sonnent plutôt justes. Seuls le caractère, la volonté, l'intelligence, la patience et le temps permettent à quelques-uns d'accéder, en fin de compte, au sens profond de ces préceptes universels. La jeune fille remercie aimablement son aînée et monte sur le pont, en quête d'un peu d'air frais afin d'essayer d'y voir plus clair. Démêler quelque peu ces pensées troublantes qui se bousculent alors pêle-mêle dans sa jeune tête avide de nouvelles connaissances devient sa priorité dès lors. Elle s'isole dans un coin, loin de l'animation de ses semblables qui jouent et rient ici et là.

Les mains agrippées au bastingage du Thorus, son regard se plonge dans les profondeurs du beau ciel étoilé et s'y perd délibérément, à la poursuite de son propre mystère non encore dévoilé. Elle rêve, elle espère et elle s'accroche aussi, de toutes ses forces, aux peu de choses dont elle est sûre, pour pouvoir braver les lendemains aux contours voilés, qu'aucun mage ne saurait déchirer, sans s'y abîmer. Cette jeune amazone se nomme Ankora. Elle est la propre fille de Blisskiss. En elle bouillonne déjà l'ardeur qui consume ou vivifie les rares élus l'ayant reçue comme grâce, tout en restant libres de la faire rayonner en eux, en la servant fidèlement, ou de périr par elle, s'ils n'en usent qu'à mauvais escient.

Deux jours plus tard, Blisskiss est reçue par le chef des habitants d'Hasgolan en compagnie de Sica et de sa garde rapprochée, constituée d'une douzaine d'amazones de belle carrure et à l'allure impressionnante. L'arrivée de la reine et de son escorte ne passe pas inaperçue, pour ne pas dire qu'elle était espérée et qu'elle se révéla plus qu'à la hauteur des attentes. Parée de ses plus beaux atours, Blisskiss apparaît à la cour des Hasgolians lumineuse, comme toujours. Hoz, le chef des autochtones, accourt à la rencontre de la reine, dès que ses gardes annoncent l'approche du cortège royal des Knoryliennes.

« Bienvenue dans mon humble palais, noble Blisskiss ! », la salue le chef, en esquissant une légère inclinaison de la tête.

- Merci de nous recevoir chez vous avec, toujours, ce bel entrain qui nous réjouit grandement, noble Hoz, paix chez vous. Acceptez, je vous prie, ces quelques présents en provenance de Knoryl, ajoute la reine en faisant signe aux deux porteuses de sa délégation qui avancent aussitôt. Elles déposent au pied du monarque un panier contenant diverses boîtes d'épices ainsi que deux jarres remplies du meilleur vin de leur royaume. Le chef s'incline, à nouveau, et s'adresse à son homologue :

- Paix sur vous, également, et toute notre gratitude pour ces présents qui embaument nos cœurs de joie autant que votre présence qui nous honore véritablement, s'empresse de la remercier le chef en retour, d'une voix enjouée. Puis il se tourne vers les siens et deux femmes accourent aussitôt, récupèrent et emportent les offrandes des Knoryliens vers l'ensemble de cases agglomérées entourant une autre au centre, plus grande, qui constitue la concession du chef. Hoz invite enfin Blisskiss et son escorte à le suivre dans la grande salle de réception où les attend un véritable repas de fête.

La reine embrasse d'un regard bienveillant la cité des gens de Hasgolan. Des concessions constituées d'ensembles de cases plus ou moins larges, probablement selon le rang social des uns et des autres, s'étendent à perte de vue, vers l'intérieur des terres. Ici et là, certaines cases seules se retrouvent parfois au milieu de ces lots, telles des étoiles éparses comblant des trous vides dans l'immense voûte céleste. A la lumière des lampes éclairant les foyers, Hasgolan offre visiblement le spectacle d'une cité vivante qui affectionne et le jour et la nuit. Blisskiss fait à nouveau un signe de la main à ceux qui sont venus l'acclamer, nombreux, depuis la grande allée traversant la cité jusqu'aux portes du palais, avant de s'engouffrer dans la case de réception des plus spacieuses, à la suite du chef Hoz et des siens.

La grande case ronde aux murs constitués d'un mélange d'argile et de paille semble pouvoir contenir, aisément, une centaine de personnes assises à même le sol. De grandes jarres en terre cuite ainsi que des étagères en bois sont disposées aux quatre coins de la salle de réception. Des nattes, habillées de tapis multicolores jonchent en partie le centre de cette pièce. Des lampes disposées sur des piliers en argile éclairent généreusement l'ensemble, faisant danser ici et là des ombres distrayantes. Blisskiss salue les femmes du chef et les dignitaires qui attendent déjà dans cette salle, installés sur une partie des tapis au sol, puis elle prend place avec les siens en face d'eux, à l'endroit qui vient de lui être désigné par l'hôte des lieux. Des serviteurs simplement vêtus de cache-sexes composés d'une large bande de feuilles couvrantes, retenue de part et d'autre par une cordelette en fibre végétale, leur servent à boire et à manger. Le chef s'adresse à la reine entre deux bouchées :

- Vénérable reine, êtes-vous satisfaite de votre séjour chez nous ?

- Plus que satisfaite, noble Hoz ! Nous avons pu nous fournir en vivres pour ravitailler nos navires et le campement, pour le temps de notre présence sur votre belle île. Par ailleurs, vos hommes se montrent tout à fait enthousiastes lors de leur participation à nos veillées nocturnes, au caractère sacré ! Nous sommes ravies !

- Heureux de vous l'entendre dire. Notre alliance demeure donc intacte, et nous pouvons continuer à compter sur votre aide, en cas de nécessité, si je comprends bien ?

- Absolument, mon ami. Notre soutien vous est acquis et vous savez que nous, amazones, n'avons qu'une parole ! Envoyez-nous en cas de nécessité l'un de vos merveilleux volatiles, messagers hors pair, et nous seront promptes à venir vous appuyer.

- Bien ! A boire et à manger... ! réclame aussitôt après Hoz, tandis que tous ont déjà bu et avalé, plus que de raison, quantité de mets. Nombreux sont ceux qui se mettent à rire à cette requête du chef qui ne fait alors que ponctuer le caractère heureux de ces retrouvailles.

- Vénérable Blisskiss, certains de nos hommes ont manifesté le désir de vous accompagner chez vous à Knoryl pour y vivre et partager l'existence des vôtres !

- Mon vénérable Hoz, je crains fort que cette requête ne soit pas recevable pour la bonne raison que, chez nous, ils ne pourront mener qu'une vie de serf. Aucun homme n'accède à des fonctions de responsabilité à Knoryl et, ceux de votre condition qui y vivent, nous sont totalement soumis.

- Je comprends. Effectivement, nos hommes sont trop habitués à la liberté pour accepter de vivre comme des serfs. Cette proposition ne visait qu'à vous plaire davantage !

- Je n'en doute aucunement. Toutefois, il serait malaisé de ma part d'accepter une telle offre, en sachant pertinemment qu'elle ne contribuerait qu'à engendrer une réelle frustration chez les vôtres. Continuons plutôt à cultiver les bonnes relations qui prévalent entre nous et l'avenir nous verra toujours jouir de cette fabuleuse paix que nous partageons dans la bonne entente.

- Vous avez raison ! Trinquons à l'harmonie et à la paix, s'exclame à nouveau Hoz, en levant sa coupe. Tous le suivent et, bientôt, des coupes brandies de façon plus ou moins ferme s'élèvent joyeusement au-dessus des têtes.

A la fin du repas, des danseuses aux mines réjouies entrent en scène et se mettent à se mouvoir au rythme entrainant des tambours que font rugir des musiciens, tandis que d'autres font teinter les cymbales. De temps à autre, certains invités se lèvent et entrent dans la danse, avec fièvre et conviction. Certains viennent inviter les amazones à les rejoindre au milieu du cercle où se meuvent déjà des convives heureux de démontrer leur talent sur la piste de danse. A l'exception de Sica et de Blisskiss, que nul n'ose approcher, toutes acceptent l'invitation, tandis que la garde rapprochée de la reine patiente à l'écart et surveille d'un œil attentif le déroulement des évènements. La reine fait signe à l'une des préposées à sa garde et cette dernière s'approche aussitôt et lui tend un objet enroulé dans une toile sombre. La souveraine s'en saisit et le tend au chef Hoz, avec un sourire reconnaissant. L'hôte s'empare promptement du présent et déroule la toile, qui laisse apparaître un magnifique sabre en or massif. Un large sourire fend aussitôt, de part en part, son large visage buriné, aux traits légèrement empâtés. Il tourne et retourne ce présent de grand prix de sa main droite, en admire les lignes pures et la courbure parfaite, d'un air euphorique. Tel un enfant qui vient de recevoir l'objet de ses rêves, il en joue avec jubilation pendant un instant avant de le reposer précautionneusement. Puis, il se lève et vient s'incliner devant la reine Blisskiss en déclarant :

- Grande est votre noblesse et extraordinaire votre générosité, reine Blisskiss ! Puissent les dieux vous être toujours favorables et puisse notre amitié durer à jamais !

- Que les dieux vous comblent également de mille et mille bienfaits et que notre amitié perdure à jamais, souhaite à son tour

Blisskiss, en s'inclinant légèrement devant Hoz.

- A présent, nous allons nous retirer pour la nuit. Toute notre gratitude pour votre aimable hospitalité et pour votre considération qui nous honore et conforte nos excellentes relations, ajoute encore la reine.

- Nous vous remercions pour votre honorable et réjouissante présence ainsi que pour vos marques d'amitié qui nous touchent profondément. Partez en paix et revenez nous voir quand vous voudrez, lui accorde le chef Hoz, qui se lève et raccompagne son homologue jusqu'au seuil de la porte d'entrée de sa concession.

Le cortège des amazones fait à nouveau route en direction du campement. Quelques mâles intrépides les suivent, saoulés par l'odeur captivante de ces femmes hors du commun. Encouragés par celles qui n'hésitent pas à solliciter des hommes les faveurs qu'aucune des leurs n'oserait réclamer, ils suivent de près le groupe des Knoryliennes qui les invitent à se joindre à ceux des îliens qui les attendent déjà pour poursuivre le rituel du soir. Dès que la reine s'installe et en donne le signal, les festivités reprennent et les femmes de Knoryl s'en donnent à cœur joie, goûtant les mille et un plaisirs de la chair avec les Hasgolians sélectionnés pour le partage de leurs jeux sensuels.

Le lendemain, aux alentours de midi, le campement somnole encore. Blisskiss et Sica sont pourtant debout depuis plusieurs heures déjà. Elles jouent à une sorte de jeux d'échecs, lorsqu'un îlien demande à s'entretenir avec la reine, de toute urgence. Il lui apporte un message du chef Hoz : « Le fils du maître de l'île est mourant et il implore la souveraine de Knoryl de venir l'aider, si elle le peut, ou de lui envoyer l'une de ses prêtresses les plus qualifiées. » Les Hasgolians savent tous que les amazones, en plus d'être d'excellentes combattantes, s'avèrent également d'ingénieuses thérapeutes. Blisskiss suit aussitôt l'envoyé de Hoz, en compagnie de Sica et des amazones préposées à sa garde.

Dès qu'elles arrivent au palais, on les conduit vers l'une des cases de la concession du chef. Sur une couche de natte confortable recouverte de tapis et de draps, un jeune homme d'une quinzaine d'années environ s'agite, visiblement mis au supplice par d'affreuses douleurs. Ses yeux se révulsent de temps à autre et une écume blanchâtre s'échappe de sa bouche entrouverte, tandis qu'il tente vainement de happer un peu d'air, tant l'impression de suffoquer l'accable.

Une dizaine de personnes, dont des chamans Hasgolians et sa mère, l'entourent, essayant de l'aider de leur mieux. L'épouse de Hoz éponge régulièrement le front de son fils grâce à un pan de l'écharpe enroulée autour de son propre cou. Le chef Hoz observe tout ce monde, impuissant et pensif, légèrement à l'écart. Il va à la rencontre de Blisskiss, aussitôt qu'il l'aperçoit. Puis il s'incline et prend ses mains dans les siennes, en suppliant :

« Vénérable reine, faites quelque chose pour mon fils, je vous en prie, faites quelque chose pour lui ! Il s'agit de l'aîné de mes enfants et, par conséquent, de mon successeur direct. S'il lui arrive malheur, je crains le désordre qui pourra s'ensuivre car je n'ai qu'un seul enfant de sexe mâle. Comme vous le savez, seuls les hommes sont habilités à accéder au rang de chef chez nous… ! Aidez-moi, je vous en supplie… ? »

- Noble et grand chef Hoz, soyez assuré que je ferai tout ce qui est en mon pouvoir pour aider votre garçon. A présent, faite sortir tout ce monde, il a besoin d'air et moi de calme et de discrétion !

- Que tout le monde quitte cette chambre immédiatement ! ordonne aussitôt le maître des lieux.

Mais, tandis qu'il s'apprête à s'en aller à son tour, la voix suave de la reine, reconnaissable entre toutes, l'interpelle :

- Vénérable chef Hoz, vous pouvez rester, mais je vous prie de rester silencieux quoi qu'il advienne !

Dès après le départ de ceux qui se trouvaient auprès du malade, Blisskiss et Sica s'approchent du jeune homme qui gigote toujours, se contorsionnant de douleur, de façon inquiétante. La garde de la reine attend à l'extérieur de la case. La souveraine s'agenouille tout près de lui, et Sica en fait autant. Blisskiss rassemble ses esprits et se concentre intensément, pendant un moment, jusqu'à ce que son regard se charge d'un vif éclat. Ses yeux flamboient étonnamment, à présent, comme s'ils couvaient un feu intérieur se reflétant à l'extérieur, de façon extraordinaire. Ses veines se gonflent instantanément et saillent le long de ses bras et de son cou, probablement sous l'effet d'une forte pression artérielle. Seulement alors la reine s'empare-t-elle des mains du moribond, qu'elle lui croise sur la poitrine, le maintenant solidement ainsi, d'une seule main, afin de l'empêcher de bouger. Sica le retient également par les jambes, achevant de l'immobiliser presqu'entièrement.

Blisskiss incline la tête du malade vers elle de sa main libre, parvient à plonger son regard dans le sien au bout de plusieurs essais, puis elle l'arrime au sien durant un bref instant. Dès lors que les yeux du garçon ont accroché les siens, ils s'y rivent comme un objet métallique irrésistiblement attiré par un aimant. Le regard trouble du jeune Hasgolian devient subitement fixe et, celui de la reine, aussi pénétrant qu'un rayon surpuissant traversant un espace insondable à une vitesse phénoménale. Malgré l'emprise de la reine et de sa suivante sur ses bras et sur ses jambes, des tremblements convulsifs s'emparent subitement de tout le corps du fils du chef Hoz. Néanmoins, il ne peut plus se tordre en tous sens comme auparavant, car les deux amazones le plaquent toujours au sol, de façon habile. Puis le garçon se met à pousser des râles terribles, à en épouvanter plus d'un. Blisskiss et Sica le basculent aussitôt sur le côté, tout en le maintenant fermement, sous contrôle. Il vomit en abondance un mélange de glaire et de sang presque coagulé. Le sol en est maculé, la couche aussi. Les habits de la reine et de sa suivante en sont largement éclaboussés. Des cris rauques et étouffés succèdent aux râles et le malade semble respirer un peu mieux, tout en cherchant à happer l'air à grandes bouffées, avec la rage de celui qui vient d'en manquer cruellement !

Quelques minutes plus tard, les deux nobles amazones le libèrent enfin et le laissent récupérer. Blisskiss sort une petite fiole en terre cuite d'une sacoche que lui tend Sica et qu'elle avait pris soin de lui confier, avant qu'elles ne prennent la route. Elle en ôte le bouchon constitué d'un embout en bois imperméabilisé et imputrescible, plonge son annulaire à travers le goulot, l'imprègne du contenu liquide du flacon et en imbibe avec douceur les lèvres du garçon. Ce dernier sursaute au contact de cette potion dont le goût étrange et désagréable le surprend, visiblement. Ses soubresauts s'apaisent néanmoins. Peu à peu, sa respiration se régule et devient plus normale. Blisskiss se retourne enfin vers le chef Hoz, qui lui a obéi et ne s'est manifesté à aucun moment, durant le déroulement de ce traitement singulier et lui recommande :

- Il faut qu'il se repose maintenant. Trois jours durant, il ne fera que boire de l'eau. A l'issue de cette période on pourra lui donner une bouillie à base de céréales, puis des aliments solides de façon progressive !

- Soyez infiniment bénie, vénérable Blisskiss ! Que l'éternité elle-même atteste de votre grandeur d'âme et qu'une pluie de bénédictions vous accompagne toujours en tout, partout !

- Paix et pleine bénédiction chez vous également, mon noble ami. Soyez rassuré, votre fils est hors de danger à présent. Il a croisé la route d'un mauvais génie, probablement sous la forme d'un courant d'air. Celui-ci s'est alors infiltré en lui et y a introduit des êtres malfaisants. Ce sont eux qui viennent d'être rejetés sous la forme de ces caillots sanguinolents. Prenez ce talisman, ajoute-telle, en lui confiant une médaille en argent et en précisant :

- Qu'il le porte toujours sur lui afin d'éloigner le mal. Car, une fois qu'il a été touché par ces entités mauvaises, il y sera sensible à l'avenir. La seule solution consiste à prévenir toute attaque future par ce biais !

- Je le répète mais je le pense vraiment, notre reconnaissance envers vous est éternelle, croyez-le bien, chère Blisskiss, reine bénie des dieux ! proclame encore Hoz d'une voix véritablement émue, tout en s'inclinant devant la reine. Celle-ci salue également son homologue en une brève révérence, croise les mains sur sa poitrine en signe de paix, puis s'éclipse avec Sica, laissant le chef, tout à la joie de voir son fils unique sauvé du pire grâce à l'efficacité de la science des amazones.

De retour au campement, la reine s'isole et jeûne. Installée dans un fauteuil placé devant l'entrée de sa tente, Sica veille néanmoins à ce que personne ne dérange la souveraine des amazones jusqu'au soir. Blisskiss entre alors dans une profonde méditation pour se purger des résidus laissés par les énergies nuisibles qui se sont raccrochées à son propre être pendant qu'elle s'employait à les extraire du corps du jeune Hasgolian. A présent, il est important qu'elle s'en débarrasse afin de se renouveler en énergies vitales plus saines et bien plus vivifiantes. Seule, dans l'intimité appréciable de sa tente, elle s'assoit en tailleur, à même le sol, dédaignant volontairement les couches de nattes recouvertes de tapis largement déployés pour son confort. Ce contact direct avec la terre semble nécessaire à cette opération délicate par laquelle elle doit s'élever en esprit, tout en rejetant au plus profond de la matière ces fluides nuisibles qui tenteront d'investir son être de façon habile et sournoise, si elle ne s'en nettoie rapidement.

Blisskiss le sait bien, ces êtres étranges pénètrent le corps, au départ en faible quantité, telle une simple goutte de pluie qui se démultiplie rapidement. Puis la goutte grossit, se répand par flots, jusqu'à en devenir torrentielle, se nourrissant avidement de l'énergie vitale de l'hôte infiltré, se trouvant alors sous contrôle. Bien que son corps, à moitié divin, ne soit pas véritablement susceptible d'être corrompu par ces entités invisibles, la reine s'évertue à s'en défaire au plus vite, avant qu'elles ne parviennent à parasiter ses idées.

Car, là où elles n'ont aucune prise directe, ces forces de l'ombre cherchent néanmoins à miner et à troubler l'esprit de ceux en qui elles survivent. Il arrive même qu'elles perturbent leurs victimes jusqu'à les faire basculer dans la folie.

Blisskiss fait donc le vide dans sa tête, selon sa méthode personnelle, puis elle projette son esprit dans les sphères lumineuses où tout n'est que pureté et beauté. Noyée dans cette atmosphère éthérée où règne une merveilleuse sérénité, elle s'imprègne des énergies qui y affluent, en abondance, par vagues puissantes et aériennes. La reine s'ouvre et s'offre pleinement aux ondées revigorantes qui pénètrent jusqu'au moindre recoin de son être pour la laver de tout ce qui n'y est pas bienvenu et qu'elle rejette, aussi, consciemment. Elle se laisse baigner par cette profusion d'énergies bienfaisantes, oublie tout le reste, l'espace d'un long moment, avant de revenir prendre place parmi les siens pour la veillée nocturne qu'annoncent déjà les tambours, lorsqu'elle finit par émerger de cet état de plénitude, en dehors de l'espace et du temps.

Le soleil pourlèche allègrement de ses rayons la vaste surface des terres fertiles d'Hasgolan ainsi que toute la masse ondine environnante. Les trois navires des Knoryliennes tanguent paisiblement non loin de la rive où ils sont amarrés, avec leur cargaison de vivres renouvelée, sous la surveillance draconienne des amazones restées à bord et des serfs disponibles. Omphalée, la sœur de Blisskiss, capitaine du Thorus, met enfin pied à terre à son tour, en compagnie des jeunes amazones intrépides qui vont découvrir le campement. Deux aides de camp encadrent vigoureusement cette jeunesse hardie, assoiffée de nouveautés exaltantes. Ankora, la fille de Blisskiss se trouve parmi les novices.

Zaz, le guide commis d'office au service des amazones, les attend sur la rive. En rangs serrés, sur deux colonnes, elles avancent d'un pas déterminé et serein vers ce pan de leur destin, ces filles, ces sœurs, ces amantes de leurs aînées, avant tout, amies les unes des autres par le serment sacré des grandes amazones.

Sur leur droite, des femmes portant des chapeaux de paille à larges rebords écaillent des poissons frais disposés sur des aplats rocheux. Non loin d'elles, leurs bambins, pieds nus et tout joyeux, s'égayent dans l'eau ou courent, les uns après les autres, sur le sable surchauffé.

Les unes à côté des autres, reposant à moitié sur le sol, des pirogues de pêche attachées aux troncs des cocotiers par de solides cordes tanguent doucement au gré de la houle.

La colonne des amazones dirigée par Omphalée dépasse bientôt femmes, enfants et pirogues et arrive en haut de la butte ouvrant sur l'intérieur de l'île. A environ deux jets de pierre de leur position, deux femmes sont occupées au séchage du poisson, qui boucane lentement au-dessus d'une épaisse fumée aux relents lourds et écœurants. Au bruit des pas bruyants et rapides qui avancent dans leur direction, elles se détournent de leur ouvrage et tournent instantanément le regard vers les nouvelles arrivantes et leur guide. Elles suspendent alors leurs gestes séculaires, le temps de les voir passer. Il s'agit d'une mère et de sa fille. Celle-ci en reste véritablement bouche bée, absolument subjuguée par le panache qu'affichent ses semblables, visiblement superbes et sûres d'elles, venues d'ailleurs et marchant fièrement vers le campement où séjournent déjà les leurs. Sa mère semble pourtant contrariée par le spectacle de ces filles et femmes qui en imposent autant par la force physique que par le charme qui émanent d'elles, naturellement. Elle détaille du regard leurs personnes dotées d'une fière allure. A mesure qu'elles se rapprochent, splendides et impressionnantes, la femme ne peut s'empêcher de leur jeter un regard haineux et glacial. Ses yeux accrochent immanquablement ceux d'Omphalée, tandis que l'amazone arrive à leur hauteur. La mère détourne aussitôt la tête, ne pouvant vraisemblablement pas soutenir l'éclat de ce regard franc et pénétrant, qui l'embarrasse instantanément. Elle bouscule gauchement sa fille, la poussant du coude, afin de la rappeler à l'ordre. Mais avant même qu'elle n'ait achevé ce geste, Omphalée fait volte-face après avoir fait signe à la colonne de s'arrêter, et se trouve déjà en face d'elle.

« Femme, que nous reproches-tu, pourquoi cette animosité criante que tu cherches pourtant à voiler à présent ? », interroge promptement le capitaine, en s'adressant à la mère. Le reste de la troupe attend patiemment, tout en observant la scène. L'îlienne, gênée par tous ces regards étrangers à présents braqués sur elle, marmonne d'une voix faible, tout en gardant le regard obstinément éloigné de celui de l'amazone :

- Je préfère me taire, je ne tiens pas à bafouer la loi de l'hospitalité si chère à tout Hasgolian en vous disant ce que je pense vraiment de vous !

- Tiens donc ! Tu viens de le faire pourtant de façon cinglante et sans appel. Je me contenterai néanmoins de t'entendre, sans en référer à la cour du grand chef Hoz. A présent, parle et sois sans crainte ! l'encourage vivement Omphalée, qui contient admirablement son envie d'épingler au sol, par la pointe de l'une de ses redoutables flèches, cette portion de larve baveuse qui l'indispose par cette façon d'être, à la fois, arrogante et minable. Cette créature insipide ne mérite probablement que d'appartenir à la masse fangeuse d'où elle provient, ne peut-elle s'empêcher de penser, tout en maîtrisant ses nerfs.

- Amazone, puisque tu m'autorises à te dire, sans détour, ce que j'ai sur le cœur, voilà : je pense que toi et ta cohorte de tueuses, vous n'êtes qu'une bande de démones sanguinaires et bestiales qui avilissent la surface de la terre par leur seule existence.

- Des démones, dis-tu, femme ? Eh bien, pourquoi pas ! Mais alors, que sont selon toi ces hommes qui violent, tuent et détruisent tout, sur leur passage, simplement parce qu'ils sont assoiffés de violence et de sang ?

- Ce sont des monstres, bien sûr ! lui accorde la femme, sans pour autant oser la regarder en face.

- Eux ne sont que des monstres et nous, d'abominables

démons. Intéressant ! souligne Omphalée d'un air méprisant.

- Des êtres sans cœur, sans foi ni loi, qui se moquent de tout et qui ne pensent qu'à se vautrer dans le lucre et dans la luxure, après s'être gorgées de violence et de sang. Voilà ce que vous êtes, souligne encore la mère, d'une voix amère et rauque, étouffée par l'intense inimitié qui gronde en elle.

- Tiens donc ! Des êtres sans cœur, sans foi ni loi…eh bien, renseigne-toi bien mieux à l'avenir, avant de répandre ton venin inutilement.

- Chef, partons… cette femme est folle, comme vous pouvez le voir. Elle ne sait même pas ce qu'elle dit…, intervient aussitôt Zaz, craignant visiblement que cette entrevue imprévue ne dégénère et ne lui attire, par suite, les foudres de son propre maître.

- Mais non, guide, laisse-moi donc répondre à cette femme, qui a au moins le courage d'affirmer tout haut ses opinions. Un fou qui questionne est bien moins sot que mille savants qui, sans cesse, raisonnent, lui réplique calmement Omphalée, tout en lui faisant signe de rester à l'écart de tout cela, d'un geste de la main. Puis elle se tourne à nouveau vers la femme :

- Nous, amazones du Knoryl, nous nous aimons toutes d'une affection sincère. Nulle parmi nous n'est traitée comme étant inférieure aux autres et nous faisons en sorte que même ceux-là qui nous servent jouissent d'une existence agréable et sereine. Sache donc, femme, que nous vénérons la vie elle-même et non pas les pâles reflets qu'en donnent les rejetons de la Terre qui nous la présentent comme étant une chose vile et bâtarde. Et, pour finir, apprends qu'il nous répugne d'avoir à répandre du sang, inutilement, expose posément Omphalée, à la face de cette créature qui lui apparaît alors aussi insignifiante que sans jugeote. Cette dernière baisse piteusement le regard, probablement ennuyée et ne sachant que répondre à cette observation déconcertante. Elle vient de recevoir chacune des paroles de l'amazone en plein cœur, comme autant de coups fatals portés contre ses certitudes stériles et bancales. La femme essaye en vain de marmonner une vague excuse, à travers un amas de propos *indistinctibles*[2]. L'amazone lui soulève la tête, en se

[2] *Indistinctibles* : néologisme créé par l'auteur pour qualifier des paroles confuses, incompréhensibles, qu'on ne peut démêler.

servant de deux doigts, et la force à la regarder dans les yeux, avant d'ajouter :

- Quant au lucre, comprends que nous n'usons des richesses de la terre que pour nous parer de façon agréable et appréciable afin de glorifier la prodigieuse Nature, qui nous fait don du meilleur de l'existence et qui nous veut, à son image, belles ! Pour ce qui est de la luxure, par ailleurs, sache que, si nous célébrons la joie de mille et une façons possibles, c'est aussi pour remercier et glorifier la douce et belle vie. Et, pour cela, il nous arrive, il est vrai, d'emprunter vos hommes, le temps de recueillir la semence indispensable à l'enfantement des nôtres. Si cette façon de faire vous indispose, dîtes-vous donc que nous leur enseignons au passage l'art d'aimer une femme de façon respectable. Toutes nos filles et nos femmes étant saines, ils ne risquent strictement rien en s'accouplant avec nous. Au pire, ils vous reviendront en s'avérant des amants attentionnés et remarquables ! précise encore Omphalée, d'une voix sarcastique, sans cesser de fixer la mère. Celle-ci, soutient difficilement ce regard qui semble la transpercer de part en part, sans qu'elle puisse s'y soustraire.

- Nous sommes ici en paix, femme ! S'il en avait été autrement, même les démons s'enfuiraient sur notre passage, tu peux en être certaine. Discipline donc un peu mieux tes propres sens, avant d'incriminer la façon dont nous usons des nôtres, ajoute encore l'amazone en chef. Puis elle désigne ses compagnes, d'un large geste du bras tendu dans leur direction et souligne :

- Vois toutes ces filles qui m'accompagnent ! Aucune d'elles n'a le cœur enclin au mensonge et encore moins à la duplicité. Toutes, nous sommes prêtes à mourir les unes pour les autres, s'il le faut. Les liens qui nous unissent dépassent ceux du sang et des traditions iniques qui ne servent que le pouvoir des plus puissants dans la plupart des communautés régies par les hommes !

La femme tremble à présent de tout son corps. Sa fille pleure et supplie à côté d'elle, craignant le pire pour sa mère qui semble avoir été un peu loin dans la provocation face au capitaine des amazones.

- Cessez donc de geindre de la sorte, leur intime Omphalée, avant de lâcher la mère qui n'en peut vraiment plus de devoir soutenir ce regard pétrifiant et froid qui la fige littéralement sur place.

- Allons, partons ! ordonne enfin la capitaine à ses consœurs, tout en reprenant la tête de la colonne qui s'ébranle à nouveau, en silence, vers sa destination.

Encore tremblotantes et en larmes, la mère et la fille se laissent enfin tomber dans les bras l'une de l'autre. La première pleure cette autre vie de femme, autrement formidable, qu'elle vient d'entrevoir et que jamais elle ne mènera. La seconde se libère de l'angoisse irrépressible qui ne l'a pas quittée tout au long de l'échange explosif entre l'amazone et sa mère. Elle se réjouit donc de l'issue satisfaisante de ce face à face risqué, qui aurait pu s'avérer lourd de conséquences pour elles deux.

La quatrième nuit vécue au campement par les amazones et les suivantes diffèrent quelque peu des autres. Les novices entrent enfin en scène, encadrées par leurs aînées. Elles observent attentivement celles-ci, dans un premier temps, et ne tardent pas à les imiter, bientôt, excitées par les relents et les râles de jouissances qui s'élèvent partout autour d'elles. La scène où prennent forme ces jeux voluptueux des corps semble animée de son propre feu, bien qu'éclairée et réchauffée par le foyer central autour duquel elle se positionne. Les jeunes filles sont tout d'abord gênées par les mains de ces hommes inconnus sur leurs corps jusqu'alors habitués à la douceur de leurs consœurs. Elles sont surtout déconcertées par les caresses qui s'étendent sur leur poitrine d'amazone qui n'arbore plus qu'un seul sein, fièrement dressé, l'autre, protégé par un cône en cuir, ayant été vidé de sa matière pulpeuse et ne constituant plus, au sens propre, un organe féminin de désir. Ces filles savent pertinemment que ces hommes ont l'habitude des corps de femmes non mutilées. C'est donc avec une certaine réserve qu'elles affrontent ce premier contact avec ceux du sexe mâle.

Toutefois, l'attitude respectueuse de leurs amants les rassure bien vite et leur permet de se laisser aller à la découverte des plaisirs nouveaux auxquels elles s'ouvrent et s'offrent, animées par la curiosité. Ces hommes sont d'autant plus bienveillants vis-à-vis des amazones que celles-ci leur offrent l'opportunité d'expérimenter les jeux de l'amour de façon ludique, contrairement à leurs épouses, inversant souvent les rôles. Aussi, les laissent-ils prendre l'initiative la plupart du temps, aux moments où ils s'impliquent dans ces ébats à plusieurs partenaires, en appréciant autant le caractère insolite de ces échanges que l'ivresse qui en afflue.

Ne pas être toujours obligé de prendre l'initiative, être libre d'être ou non le maître du jeu amoureux, se laisser aller tout simplement à voguer sur les vagues tumultueuses des désirs, ainsi exaltés, sans s'inquiéter de perdre en autorité..., autant de raisons pour lesquelles ces amants de quelques soirs affectionnent et chérissent les rares moments qu'ils partagent avec ces créature hors du commun. Et, comme ils ne cesseront de le clamer longtemps encore auprès de leurs congénères, qui ne savent rien de ces plaisirs hors normes qu'eux seuls ont eu la chance de partager : *rien ne vaut une nuit d'orgie au milieu des sublimes amazones, intrépides et torrides !*

Le cinquième jour, en plein milieu d'après-midi, Sica réunit les novices sur la place centrale. Assise au milieu d'elles, elle leur parle et cherche à recueillir leur avis sur cette première expérience intime avec des hommes :

« Comment ça va, les filles ? », interroge-t-elle tout d'abord, d'une voix sympathique et légère.

« Bien, très bien même… ! » s'exclament-elles ensemble, presque en chœur.

- Dans ce cas, qui veut témoigner de ce qu'elle a ressenti ?

- Eh bien, je ne pensais pas que cette nuit serait aussi exaltante ! Je craignais plutôt de ne pas être à la hauteur, avance l'une d'elles.

- Moi, j'avais franchement peur qu'un homme me touche. Je m'imaginais un tas de choses aberrantes à propos de l'accouplement avec un mâle. Finalement, je reconnais que c'est aussi agréable de coucher avec eux qu'avec celles de notre condition. C'est différent mais réjouissant, affirme une autre.

- Et moi, j'ignorais tout de ce que pourrait bien être un sexe d'homme et j'ai aimé le découvrir comme étant un organe vivant et doux, que j'ai exploré avec délectation.

- Navrée de vous décevoir, mais moi je n'ai éprouvé qu'un plaisir modéré au contact des hommes. Je préfère nettement les échanges avec les femmes, exprime courageusement une fille de corpulence robuste, au regard droit et franc.

- Dans ce cas, tu es libre de ne plus participer aux veillées à venir. La liberté, c'est notre bien le plus précieux et nulle ne doit se sentir obligée de subir ces rapports sexuels de nature périodique. Je te remercie de ta franchise et j'encourage chacune d'entre vous à vivre en amazone, conformément à sa nature profonde, explique opportunément Sica, la première conseillère de Blisskiss, tout promenant son regard bienveillant et doux des unes aux autres.

- Il paraît que nos mœurs consacrées au plaisir sont perçues comme étant de nature obscène et vile chez les autres peuples. Pourquoi cela alors mêmes qu'elles sont pour nous sources de réjouissances collectives ? s'enquiert une autre novice.

- Tout simplement, parce que, au sein de la plupart des tribus, les hommes règnent en maîtres absolus, qu'ils érigent et imposent des règles qui ne servent que leur ego, tout en les aidant à conserver leurs privilèges aux dépens des droits des femmes. Ils perdraient tout contrôle sur celles qui leur sont soumises si, tout d'un coup, celles-ci découvraient la possibilité de vivre diverses expériences sexuelles auprès de multiples partenaires. Ce qui les effraie au plus haut point, car leurs femmes pourraient se mettre à revendiquer le droit d'aller avec qui elles veulent et, de préférence, avec les plus à même de les satisfaire, à tous points de vue ! Par ailleurs, comment gouverner intelligemment et raisonnablement un peuple au sein duquel la liberté règnerait de façon aussi affirmée ? Sans vouloir donner raison à ceux qui gouvernent ces peuplades en s'appuyant sur des valeurs souvent iniques que nous réprouvons, je reconnais que la chose n'est pas aussi simple qu'il y paraît !

- Pourquoi alors l'autoriser chez nous, noble Sica ? l'interroge opportunément une novice dont l'air timide ne bride pas pour autant la curiosité.

- Il en est ainsi parce que nous avons adopté une façon d'être et de faire bien éloignée de celle des autres peuples. D'autre part, nous n'autorisons ces cérémonies que de façon régulée et espacée dans le temps car, si nous avons choisi de vivre libérées de la volonté dominatrice des hommes, nous faisons également en sorte de limiter nos contacts avec eux, en dehors de ceux qui nous sont véritablement soumis. Pour finir, chaque fois que nous célébrons ce rituel, nous réaffirmons notre volonté d'être libres, nous en profitons pour nous réjouir de façon exceptionnelle, car il s'agit là de l'un des privilèges que nous nous sommes attribués, en contrepartie de nos sacrifices. N'oubliez pas non plus que nous espérons qu'à l'issue de cette escapade, Knoryl verra le nombre de ses habitants augmenter de façon à assurer la pérennité de notre peuple !

- J'espère sincèrement pouvoir contribuer à l'accroissement de notre population. Toutefois, j'espère ne pas perdre mes aptitudes au combat s'il m'arrive d'accoucher ! s'inquiète à juste titre l'une des jeunes amazones.

- Bien entendu, la grossesse altère les humeurs et ramollit le ventre de la femme. Mais, rassurez-vous, vous récupèrerez assez vite grâce aux exercices de remise en forme prévus dans ce cas particulier. Par ailleurs, le fait de ne pas avoir à allaiter l'enfant plus que nécessaire ni à l'élever vous permettra de recouvrer rapidement l'essentiel de vos capacités à combattre. Les nourrices sont là pour prendre le relais, quelques jours après l'accouchement. Vous serez libérées dès lors des préoccupations et des contraintes incombant à celles qui doivent allaiter leurs nouveau-nés, puis les élever durablement.

Aucune d'entre elles ne s'inquiète du sort des futurs nouveau-nés car elles savent depuis leur plus jeune âge que Knoryl s'occupe du devenir des uns et des autres de façon équitable, sur la digne terre des amazones, selon l'enseignement spécifique qu'elles ont reçu. Comme une mère, notre tribu gère avec soin la vie des siens et en oriente le devenir de façon judicieuse et appropriée en fonction des cas.

- D'autres questions ou remarques... ? s'enquiert encore Sica, autant soucieuse de répondre aux inquiétudes des filles que d'affermir leur confiance en elles, consciente du fait que nombre de frustrations et de méfaits naissent souvent de l'incompréhension et des non-dits.

- Dans ce cas, je vous remercie toutes de votre franchise et de votre admirable dévouement pour la cause commune ! Je vous laisse aller à présent, Profitez autant que possible de votre séjour sur cette île paisible et n'hésitez pas à venir me trouver pour échanger, au besoin, si vous souhaitez parler, conclut Sica, en se levant.

La conseillère se dirige ensuite vers les responsables du corps de garde du campement afin de recevoir leur rapport. Puis elle s'en va retrouver la reine et lui rend fidèlement compte sur tous ces points.

Les trois nuits suivantes se déroulent sans incident notable et les amazones commencent à démonter les tentes dès après le lever de jour. La veille, les serfs avaient déjà approvisionné les navires en vivres, en eau et ils y avaient acheminé les charges lourdes, nécessitant un transport délicat. Le jour du retour, chaque amazone récupère et transporte ses effets personnels à bord du bateau sur lequel elle voyage. Auparavant, en présence de Sica et de la reine qui supervisent le bon déroulement des tâches, tous nettoient l'emplacement du campement, laissant l'endroit propre et net.

Au moment du retour, Hoz vient à la rencontre de Blisskiss alors qu'elle se dirige déjà vers la plage, entourée de son escorte. Il la remercie encore et lui offre à son tour un présent surprenant. Un couple de chatons aux regards attendrissants observe curieusement la souveraine lorsqu'elle soulève le couvercle de la corbeille en osier qui vient de lui être confiée. Elle referme doucement le panier avant qu'ils ne s'en échappent et le confie à l'un de ses serviteurs

« Je vous remercie du fond du cœur, mon ami ! Ce présent des plus touchants nous permettra d'emporter un peu de la vie qui abonde sur votre île aux innombrables ressources. »

- C'est nous qui vous sommes reconnaissants, chère reine ! Ces animaux savent chasser pour se nourrir et ils débarrassent, au passage, les habitats des nuisibles rongeurs. Ils constituent également d'excellents compagnons pour qui sait les apprécier, même s'ils peuvent s'avérer d'un abord farouche.

- Mille mercis à vous ! Ils nous seront sûrement utiles de ce fait à plus d'un égard, car leur seule apparence est déjà agréable à la vue. Nous prendrons bien soin d'eux, c'est promis !

- Je voulais également vous dire que nos épouses, nos filles et nos sœurs vous admirent et n'aspirent qu'à devenir aussi braves que vous, amazones ! Certaines vous suivraient, volontiers, si elles le pouvaient, j'en suis sûr !

- Vénérable chef Hoz, dites-donc à vos filles et à vos femmes qu'une vie d'amazone est faite d'exigences ! Que nous devons notre liberté aux innombrables renoncements auxquels nous consentons, de façon délibérée, afin de pouvoir vivre comme nous l'entendons ! Qu'elles profitent donc des avantages que leur procure une existence bien réglée avec mari et enfants, car toute chose comporte ses revers. Notre idéal est noble mais il revêt également ses aspects discutables. Bien, assez de paroles pour aujourd'hui, se sermonne gaillardement la souveraine, avant de prendre congé de son homologue.

- Eh bien, faites bonne route et que le vent vous soit favorable ! Nous guetterons avec impatience votre prochaine visite, même si elle ne sera probablement que dans quelques années. Au revoir, mon amie..., au revoir vénérable reine Blisskiss, ajoute-t-il d'une voix où perce une vive émotion, tandis qu'elle s'éloigne déjà après lui avoir offert le geste de paix.

Les amazones reprennent la mer au matin du huitième jour, en direction de Knoryl

A mi-chemin, un violent orage se déclare. Une terrible tempête se déchaîne subitement et menace de tout détruire sur son chemin. Sur l'Avajar, la reine et les douze montent courageusement sur le pont, s'accrochent au bastingage, à la proue du vaisseau, et se mettent à scander un chant mystique, connu d'elles seules. Là-haut, dans le ciel à présent nébuleux et sombre, le tonnerre gronde en des roulements assourdissants à faire frémir les plus braves. Des éclairs jaillissent de partout comme pour embraser tout sur leur passage. Les navires sont mis à rude épreuve de même que les nerfs de leurs occupants. Néanmoins, navigant toujours dans le même type de formation triangulaire qu'à l'arrivée, l'Avajar, en tête, et ses suivants se stabilisent rapidement et retrouvent leur équilibre sur les flots, comme maintenus hors de la portée des éléments destructeurs par une force mystérieuse. La reine et les douze se détachent dès lors du rebord qui vient de leur servir de support, tout en continuant à chanter avec leur reine qui s'en est également détachée.

Le menton haut, toujours à l'avant du vaisseau, glissant plus qu'elle ne marche, Blisskiss avance toujours au milieu de ses compagnes. A mesure qu'elle progresse, ses vêtements soufflés par le vent la quittent davantage qu'elle ne s'en défait, la laissant souvent nue, parée de sa seule brassière. Deux coques en or, reliées par une plaque, de même nature, encadrent superbement sa poitrine, soulignant le galbe arrogant de son sein unique, lourd et généreux, bien plus qu'elles ne cachent la mutilation du sein absent. Retenues par deux lanières attachées à l'arrière du cou, elles habillent la poitrine fièrement dressée de la reine.

Sa tête est recouverte d'une superbe coiffe en or aux mailles en forme d'écailles. Une magnifique ceinture finement sculptée dans cette même matière habille élégamment ses fines hanches, recouvrant en partie sa jupe taillée dans une légère étoffe orangée. Ses cothurnes d'apparat son surmontées d'une jambière de bronze. Un anneau en or massif orne son cou, frappant le regard, accentuant davantage son allure souveraine. Pourtant, c'est dans une attitude de courtisane offerte que Blisskiss se détache promptement du groupe de ses suivantes. Reine de volupté, elle se meut à présent sur le pont de l'Avajar de façon langoureuse et saisissante. Ses gestes sensuels et lents condensent volupté et beauté de façon captivante. Sublime ! Telle apparaît la mystérieuse reine des amazones lorsqu'une pluie de lumière jaillit subitement tout autour des navires, crevant l'obscurité qui menaçait alors de tout engloutir. Un vent insistant vient s'enrouler autour d'elle, en un souffle vif, soulève les voiles de sa jupe, dénude dans l'instant son pubis glabre, bombé et haut fendu.

Sa peau satinée resplendit à chaque envolée de ses vêtements soulevés au grand vent, à la faveur de la soudaine clarté ambiante. Depuis le début de cette escapade, chaque jour, des heures durant, Blisskiss s'est fait masser aux huiles les plus fines, épiler au miel et au citron, parfumer au musc et coiffer de tresses savantes. La reine poursuit toujours son incantation.

Une fois encore, les choses changent, comme si l'onde sonore du chant de Blisskiss avait enclenché une mécanique céleste, ordonnancé un ballet étrange, mis en route un rituel mystique.

La mer se creuse encore un peu plus. Le tourbillon issu de ce mouvement se fait étrangement cône et s'arrondit ; à sa périphérie, l'eau monte en une voûte parfaite qui se rejoint au zénith. Un dôme d'eau enclot alors les navires qui se mettent à tourner doucement, prenant de la gîte, longeant l'horizon de l'énorme bulle d'air prise dans un globe d'eau gigantesque, abolissant le haut, ignorant le bas…

Imperturbable, Blisskiss entame une nouvelle mélopée qu'elle n'a jamais appris, mais qu'elle semble connaître depuis toujours. Elle accentue davantage le timbre de sa voix, en amplifie les modulations au fur et à mesure que les éléments se transforment autour d'eux. Le jour même où elle est devenue reine, ce chant s'est imposé dans son esprit et, tous les cinq ans depuis, elle le psalmodie, le moment venu.

D'instinct, les maîtres de nage assis devant les rangs des rameurs empoignent leurs baguettes aux extrémités garnies de boules de cuir. Redoublant d'ardeur, ils scandent ce chant étrange, tout en frappant les peaux de leurs timbales.

Sur les bancs parallèles, des rameurs aux corps noueux, aux mains si calleuses qu'ils ne parviennent plus à les ouvrir à plat. Ces hommes rudes à la tâche chantent comme ils peuvent, en ramant, rythment ainsi leurs mouvements, maîtrisant leur souffle, et soutiennent, bouche fermée, la mélopée qui, toujours, enfle par un murmure grave, une vibration de la gorge.

A l'extérieur, des diables des mers, ces raies manta d'environ dix mètres d'envergure, patrouillent en bande tout autour des navires des Knoryliens. Elles sautent ensemble, par groupes, semblent voler. C'en est saisissant.

Une cohorte de tortues fait une entrée remarquable, à la suite des raies manta, et se met à tourner dans une impeccable formation en V. Ces géantes blanches se détachent majestueusement sur l'eau aux reflets lumineux.

Soudain, le silence.

Un silence inimaginable, prégnant, comme on en trouve guère en mer.

Même le bruit rassurant des va-et-vient incessants des vagues contre la coque des navires s'est tu. A l'intérieur de la cale, les rameurs suspendent leurs gestes, ébahis. En un mouvement réflexe, ils portent leur main à l'oreille. Chacun d'eux tourne la tête vers son voisin du rang opposé, rencontre dans ses yeux cette même stupeur qu'expriment les siens.

Plus rien des grincements familiers des navires, plus un seul raclement, choc ou craquement.

Rien.

Plus rien que le mouvement et la lumière.

Rien d'autre que cette houle puissante dont le mouvement, lent et circulaire, oblige à présent les vaisseaux des Knoryliens à dévier de leur trajectoire, les amenant à se suivre en une vaste ronde, hors de contrôle.

Rien que cette lumière surréelle aux multiples nuances de pourpre, qui éclaire l'espace au-dessus des voyageurs.

La vision de ces trois navires évoluant doucement en une procession circulaire, dans un silence total, sous un ciel aux reflets mystérieux emplit les yeux incrédules et écarquillés des équipages, des passagers, des guerrières.

Une chape de stupeur fige tous les témoins de ce spectacle étrange, les clouant sur place.

L'effet ressenti est toujours identique, même pour les passagers qui ont déjà vécu ce phénomène plus d'une fois. Sur les trois vaisseaux, tous sont frappés par la nature inhabituelle de ce silence qui s'impose alors de façon inattendue et brutale.

Les amazones et les membres de l'équipage qui n'en sont plus à leur première participation aux escapades rituelles des Knoryliennes sortent enfin de leur effroi. Ils viennent de reconnaître les signes qui se multiplient. Par milliers, à présent, des poissons volants quittent les flots, s'amusent à décrire des arcs multicolores, puis replongent.

D'une voix que nul ne lui connaît, la souveraine des amazones entonne alors une mélopée dont les premières notes, pour ténues qu'elles soient, n'en emplissent pas moins le silence, ce vide, si pur qu'il en vibre…

Nul autre n'ose émettre le moindre son ni effectuer le moindre geste, comme pour préserver cet instant de pure beauté. Même le vent, d'habitude si capricieux au dessus des flots, semble ne pas vouloir troubler ce moment fabuleux. Seule Blisskiss, se tient maintenant debout face à la proue, dans un équilibre parfait, tenant probablement cette assiette sans effort de la danseuse ou de la cavalière. Une colonne d'eau vive, brillante et violente jaillit soudainement de l'espace libre au milieu de la formation en V des tortues de mer qui vient de réapparaître. Elle gronde et monte, brusquement, brisant le silence qui avait investi l'espace environnant.

C'est alors que Jakul, l'incontestable dieu de toutes les mers surgit des profondeurs de l'océan, en pleine lumière, au milieu d'une formidable gerbe d'eau. Montée sur une plateforme d'écailles mouvante, face à la reine qui chante, une créature colossale entièrement recouverte d'une armure étincelante se dresse. A sa main droite, une défense de licorne de mer.

En un instant, il parvient au dessus de l'Avajar, y saute prestement et se tient dans le périmètre où se trouvait la reine Blisskiss, avant que le silence ne vienne abolir le temps. Comme par enchantement, l'armure massive disparaît, laissant place à une autre qui semble faite de nacre. D'un pas leste et sûr, comme si la nouvelle armure apparente était aussi légère qu'une plume, il avance vers la reine, qui esquisse déjà les prémices d'une danse envoûtante. Avant qu'il ne soit si près d'elle que son souffle l'effleure, Blisskiss esquisse quelques pas de danse. Son chant se fait plus rauque, plus sensuel. A mesure qu'il progresse, par grappes et par paquets, les écailles qui le couvrent, le protègent et le parent aussi, se détachent et s'entrechoquent. On comprend aussitôt qu'il s'agit d'autant de coquillages de nacre portés par des bernard-l'hermite qui fuient à présent sur le pont, dépouillant et dénudant le corps athlétique en marche. Un homme immense, silhouette diaprée et fluide, apparaît. Jakul est là, dans toute sa superbe, rayonnant d'une aura surnaturelle, à un pas seulement de la reine. En face de lui, Blisskiss resplendit littéralement d'intelligence et de beauté, dans une attitude souveraine et humble qu'accentue la grâce toute innée qui émane de sa royale personne. Le dieu couve la reine d'un regard fiévreux, ivre de désir, puis il l'attire à lui, tout contre son torse et la sent vibrer à son contact. Jakul embrasse son épouse terrestre dans le cou, sur la bouche et partout où l'ordonne sa bouche avide et chaude. Il lui murmure des choses qu'elle seule entend et comprend alors. Le ciel semble alors retenir son souffle, tandis que les ondes et la terre frémissent à l'unisson, en écho à cet instant de pure osmose que partagent avec ravissement la splendide Blisskiss et son divin époux, le non moins formidable Jakul. Une fois qu'il la sent prête à faire corps avec lui, il se cambre sur ses jambes, la plaque contre lui davantage et se fraye un chemin en elle, avec vigueur, tout en la couvrant de baisers brûlants. Offertes aux caresses savantes dont son amant ne cesse de l'abreuver, Blisskiss l'accueille en elle, enfin, sans sourciller.

Jakul et la reine mènent amoureusement, sur place, une danse voluptueuse qui semble unir la terre à la mer, au milieu d'un phénoménal feu d'artifice où se déchaînent simultanément la matière, le feu, l'eau et l'air. Les quatre éléments fondamentaux semblent être à la fête pendant un temps indéfinissable qui ne dure pourtant qu'un instant. Une demi-heure d'éternité dans ce ballet prodigieux des corps qui célèbre autant leurs retrouvailles que l'enfant qui en naîtra.

Sur l'Avajar comme sur l'Injamon et le Thorus, un silence religieux accueille et honore ces retrouvailles d'un ordre surnaturel entre le dieu et la reine. Le déchaînement des éléments, autant que tout ce qui vient de précéder à l'apparition lumineuse et fracassante de Jakul, achève de confirmer la nature semi-divine de la reine Blisskiss aux yeux de tous. Ceux qui ont pu douter de sa puissance en sont pour leur frais et se rallient aussitôt à l'avis général, d'autant plus qu'ils peuvent désormais témoigner, par eux-mêmes, de ce qu'ils viennent de voir, même de loin. Les serfs sont les plus impressionnés et ils ne manqueront pas de rapporter à ceux de leur condition, comme toujours, cet évènement qui frappe vivement l'entendement. Le pouvoir de Blisskiss s'en trouve plus conforté, de même que la légitimité des amazones à mener une existence éloignée de la conception des choses de la vie ancrée dans l'esprit de la plupart des humains.

Soudain, le tourbillon qui entraîne toujours les navires dans sa ronde s'emballe, sans pour autant menacer la sécurité des équipages et celle des passagers. Jakul libère enfin la tension perceptible du mâle, longtemps contenue, et inonde la reine du sperme divin qui engendrera l'enfant à venir, dans un cri surpuissant qui recouvre celui de la reine, toute envahie de spasmes incontrôlables. Une clameur extatique emplit aussitôt l'arène liquide. Chacun, chacune, en ses reins, sent la formidable vibration de cette fusion explosive. L'étreinte ultime et féconde de cet amour sur-divin procède assurément d'un élan sur-humain.

Les vents du Nord, du Sud, de l'Est comme de l'Ouest, les douze courants marins, les quarante astres majeurs - aussi bien ceux connus que ceux demeurés secrets -, les amazones fécondées quelques jours auparavant, les divers membres de l'expédition, les coraux, les anémones des mers, tous sont alors transportés par l'immense vague de jouissance qui jaillit soudainement de la fusion à la fois sublime et violente de ces deux êtres d'exception. Tout est bouleversé en cette communion extatique, totale et généreuse ! L'apothéose est atteinte. Le ballet fabuleux déploie ses dernières notes merveilleuses sur cette scène mouvante, offrant un véritable opus à tout ce qui est.

Le dieu s'en va enfin, comme il est venu, bondissant du pont sur son transporteur en écailles, qui le précède déjà au-dessus des flots. Puis il disparaît au milieu des eaux, soulevant une superbe brassée d'eau, pour aller rejoindre son règne au plus profond de l'océan

Jakul disparu, l'onde de lumière s'écarte puis s'évanouit mystérieusement, par le milieu, peu après avoir sublimé la dernière étreinte du couple rayonnant du dieu et de la reine.

Le rite est accompli.

La lente descente qui suit l'indescriptible acmé rompt doucement les charmes. Le dieu est déjà loin. Balayé par un dernier spasme, la mer se stabilise, retrouve son horizontal, sous un ciel qui apparaît maintenant comme lavé, retournant au gris-bleu. Le pourpre n'est déjà plus qu'un souvenir.

Sur le pont de l'Avajar, la garde rapprochée de la reine, enfin ressaisie, emporte à la hâte la souveraine évanouie. Après le départ de Jakul, Blisskiss s'est effondrée, terrassée par l'excès de plaisir qu'elle vient de connaître et qui aurait probablement achevé une simple mortelle. Ce n'est sûrement pas rien de se donner à un dieu doté d'une imposante constitution physique. Lorsqu'elle revient à elle, un instant plus tard, Blisskiss semble pourtant heureuse et comblée, malgré le fait qu'elle vient de s'accoupler avec une sorte de colosse. Jakul pèse au moins quatre-vingt-dix kilos pour environ un mètre quatre-vingt-dix de haut, tandis que la taille des hommes les plus grands ne dépassait probablement pas le mètre soixante-dix, à l'époque. L'armure mouvante du dieu, constituée d'organismes vivants, accentue l'impression de grandeur qui émane de toute sa personne et en impose naturellement à ceux qui le découvrent. Il apparaît indéniablement alors tel un sublime colosse, doté d'immenses pouvoirs.

Les rameurs, momentanément désœuvrés, tâtent machinalement leurs poignets. Sur le pont, une toute jeune amazone sanglote sur l'épaule de son amie. Un peu plus loin, une autre serre contre elle la corne de narval, abandonnée là. Elle ne la quittera jamais plus. Lance, trophée, improbable jouet ... !

Des dauphins apparaissent peu après et suivent les trois navires pendant une bonne heure, telle une escorte spéciale prêtée aux Knoryliens. La double arche de deux arcs-en-ciel aux quatre couleurs se déploie de part et d'autre des vaisseaux qui viennent de reprendre leur formation initiale, semblable à celle des oiseaux migrateurs. Ce soir, dans les carrés, nulle veillée, nulle conversation ni étreinte amoureuse n'aura lieu. Les veilleurs prennent leur quart, s'endorment. Un long sommeil réparateur emporte la plupart des amazones ainsi que les membres de l'équipage qui ne sont pas de service. Un sourire énigmatique aux lèvres, la reine gémit doucement. Ses hanches ondulent, elle dort, elle rêve. Dehors, survolant le temps éternel, les dieux veillent.

L'Avajar et ses suivants voguent sur les flots depuis trois jours, par un temps clément. Le vent leur est favorable et, à ce rythme, ils atteindront probablement Knoryl plus tôt que prévu, c'est-à-dire, d'ici trois autres jours. Les amazones, repues et rompues après toutes les nuits d'orgies savourées en terre d'Hasgolan, tentent de reprendre des forces et passent plus de temps à se reposer qu'à s'activer. Les serfs rament, quand il le faut, et servent leurs maîtresses, avec diligence, dans les mille et une petites choses habituelles, leur permettant de récupérer au mieux sans souci supplémentaire. Peu après midi, l'une des amazones de l'Avajar s'empare soudain du cor suspendu par un nœud coulant à un crochet, fixé à l'une des barres renforçant la coque, et y souffle à s'époumoner. C'est l'alerte générale. Bientôt des sons similaires, en provenance du Thorus et de l'injamon, lui répondent, accusant ainsi réception du message de la veilleuse qui signale l'approche d'un danger immédiat !

La reine et ses suivantes accourent aussitôt sur le pont et observent depuis la proue du navire une flotte constituée de six vaisseaux de tailles presqu'aussi imposantes que les leurs. A y voir de plus près, ils portent le sceau des Kongkozils, ces redoutables loups des mers, qui surgissent toujours, sans prévenir, et attaquent avec une rapidité fulgurante, ne laissant derrière eux qu'une mer rougeoyante du sang de leurs victimes, après avoir pillé et volé leurs biens. L'effet de surprise est tout de même amoindri dans ce cas-ci, car les vaisseaux pirates se trouvent encore à plus d'un mile de ceux des Knoryliens au moment de l'alerte, laissant à ceux-ci le temps de s'organiser. Le rapport de force s'annonce néanmoins en faveur des Kongkozils, car ils voyagent souvent en surnombre, s'agglutinant sur le moindre espace disponible, tels de voraces insectes n'attendant que l'heure d'une bonne curée pour se ruer sur leurs proies. Les premières minutes de surprise passées, c'est le branle-bas de combat. Quasiment toutes les amazones s'emparent de leurs armes de prédilection et se mettent en position de tir, selon les ordres de leurs capitaines. Chacune d'elles dispose d'un arc bandé et de deux carquois, dont l'un est posé sur la planche, à portée de main et l'autre, suspendue à une épaule, empli de flèche. Quelques unes veillent au réapprovisionnement et tiennent déjà prêtes les armes et les munitions de rechange. Depuis le pont avant de l'Avajar, Blisskiss donne des ordres précis et brefs aux amazones, qui les répercutent rapidement en actions tactiques. Les deux autres navires ont reçu les consignes inhérentes à la stratégie de guerre adoptée par la reine grâce à des signaux émis aux sons du cor. Une alternance de sons longs et courts se suivant, dans un ordre particulier, sur une fréquence donnée, les informe précisément des dispositions à prendre.

Dès lors que tout est en place, Blisskiss se positionne à la pointe de la proue et, face à l'immensité des flots qui s'étend devant elle par vagues régulières, elle lève les mains vers le ciel, bras tendus et paumes tournées vers le haut, puis elle se met à invoquer l'aide de son divin époux. Une supplique aux accents graves et lourds monte douloureusement de sa gorge, s'élève puissamment de ses lèvres en un râle bouleversant et se déverse sensiblement dans l'immense étendue de l'espace en un flux ininterrompu de paroles incompréhensibles. Par cette terrible imprécation la reine en appelle opportunément à l'aide du dieu auquel knoryl s'est voué depuis longtemps déjà, dans un langage synthétique et rude, aux forts accents métalliques. Les consonances de ces propos ne ressemblent à aucune de celles composant les langues humaines, aussi étranges soient-elles, tant elles sont imperméables à l'esprit du commun des mortels et déconcertantes pour l'oreille normale. Mais Blisskiss, souveraine des amazones, n'est qu'à moitié humaine, en plus d'avoir été consacrée à Jakul, l'incontestable maître de toutes les mers. Elle prononce donc ces mots mystérieux, qui ne semblent revêtir aucun secret pour elle :

« Jaku...ul sha kor

Kr shn ra aaa krshn na ror

Kzx zrs tzkr drshx rxztr xrzk krxzzkx

... »

En un instant, la surface de l'océan se met à frémir, comme celle de l'eau qui bout et monte en température, de façon rapide. Sur un signe de la reine, qui psalmodie toujours, Sica donne l'ordre de virer à tribord, toute. Le Thorus et l'Injamon n'hésitent pas un seul instant, et suivent aussitôt l'Avajar dans cette manœuvre soudaine et difficile. Tous ceux qui le peuvent s'activent et aident promptement l'équipage pour le bon déroulement des actions nécessaires à ce changement de direction tactique. Pensant alors que leurs proies cherchent à prendre de la distance, en les semant de façon habile, les occupants des six vaisseaux ennemis redoublent d'ardeur et se mettent à ramer de toutes leurs forces. Ils commencent à gagner en vitesse et se rapprochent de plus en plus de ceux qu'ils traquent depuis un bon quart d'heure, maintenant.

Les frémissements de l'eau se muent soudain en mugissements, puis ils enflent en féroce rugissements. Les vagues gonflent subitement jusqu'à atteindre des hauteurs phénoménales. Indomptables, elles se déchaînent et se ruent sur les navires poursuivant ceux des Knoryliens en d'énormes masses effrayantes. Un tourbillon surpuissant entraîne alors dans une ronde incontrôlable les navires des Kongkozils avançant en tête, les faisant dériver de leur trajectoire initiale, de façon inévitable. L'Avajar et ses suivants se trouvent pourtant en dehors de la zone de tourmente. Avant même qu'ils ne réalisent ce qui se trame sous leurs yeux, les trois vaisseaux de tête transportant les assaillants se retrouvent submergés et basculent soudainement vers les profondeurs abyssales de l'océan, comme aspirés par un puissant typhon. Les trois autres tentent vainement de se dégager des mortels courants descendants créés par les gigantesques murs des vagues qui foncent droits sur eux, tels d'abominables monstres les ayant délibérément pris pour cibles. D'eux d'entre eux finissent à plus de mille pieds sous l'eau, au fin fond de l'océan. Seul le dernier navire des redoutables pirates, qui se trouve alors un peu plus éloigné du cœur de la zone de turbulence, subitement créée par une force invisible, parvient à s'échapper, non sans dommage. Ses mâts sont tous brisés et ses voiles en lambeaux volent à présent au vent, déchirant l'espace tourmenté de leur triste aspect spectral.

En moins d'une demi-heure, contre toute attente et contrairement à toute prédiction logique, les bandits des mers sont presque tous anéantis et seuls quelques-uns d'entre eux ont pu s'enfuir, in-extremis. Les Knoryliens relâchent enfin l'inexprimable pression qui a pesé sur tous, tout au long de ce moment critique qui aurait pu s'avérer périlleux pour eux. Nonobstant la confiance indéfectible qu'ils placent en leur reine et en ses pouvoirs surnaturels, l'issue d'un combat frontal s'avérait incertaine face aux Kongkozils surarmés, surentraînés et en surnombre. Une guerre reste toujours une guerre et nul n'est jamais à l'abri d'une défaite, tant que l'issue finale ne s'est pas révélée en sa faveur. De cela, tous les Knoryliens ont conscience, surtout leur souveraine, même si elle sait qu'une force surhumaine l'habite et qu'elle peut également faire appel, au besoin, à Jakul, son divin époux.

« Victoire, victoire....victoire ! vive la reine, vive Blisskiss et gloire à Jakul, notre divin sauveteur !!! », « Gloire, gloire, gloire... !», clame-t-on vivement partout sur les trois vaisseaux intacts des amazones. La reine accepte sereinement les acclamations des siens et salue à plusieurs reprises, d'un mouvement ample du bras droit, tous ceux qui scandent continuellement son nom et celui de son époux. Mais elle se retire rapidement dans sa cabine, exténuée, après avoir concentré et investi une grande part de son énergie dans ce combat sans nom, au cours duquel les forces de l'invisible se sont manifestées de façon tangible afin d'assurer une victoire certaine aux Knoryliens. Il faut reconnaître que les amazones n'étaient pas au mieux de leur forme après ce séjour riche en réjouissances en Hasgolan. Leurs corps plus que repus, après les longues nuits dévouées aux jeux des sens, se trouvaient encore imprégnés par une langueur pesante au moment de l'assaut des Kongkozyls. Blisskiss se réjouit donc de cette victoire éclair, tout en sachant que sans cette aide bienvenue, accordée par Jakul, l'issue du combat aurait pu s'avérer tout autre. Malgré les redoutables capacités de ses comparses à affronter toutes sortes d'ennemis, la reine reste néanmoins lucide et c'est avec modération qu'elle savoure ce succès qu'elle doit davantage à l'intervention des forces surnaturelles qu'aux aptitudes des siennes à guerroyer.

Les Knoryliens s'époumonent encore pendant un moment à crier victoire. Les vagues monumentales ainsi que le siphon dantesque qu'elles drainent sur leur passage se retirent brusquement, laissant derrière eux une impression de calme étrange, après tout ce fracas. Des débris divers remontent à la surface de l'eau et jonchent l'océan sur une bonne distance. Le ciel, resté d'un bleu pur durant ces évènements, ne varie toujours pas, comme indifférent.

Le soir venu, Sica rejoint la reine, restée isolée dans sa cabine. Elle lui sert à boire puis s'assoit à ses pieds, le regard empli d'une vive et muette admiration. En silence, elle contemple le visage apaisé de son aînée qui semble toute recueillie, allongée sur le côté, reposant sur sa couche. Au bout d'un moment, Blisskiss revient lentement à la réalité, remercie sa suivante d'un bref sourire et s'empare de la coupe d'eau dans laquelle elle trempe ses lèvres. Par petites gorgées, elle gratifie son corps du liquide vital qui s'y fraye un chemin opportun, telle une source jaillissante courant vers des sillons assoiffés. Mine réjouie, la reine accueille et ressent d'une façon prodigieuse l'eau qui coule en elle, tout au long du parcours rapide qu'il effectue à travers ses organes, savourant délicieusement le privilège de pouvoir apprécier ce simple plaisir qui signifie pourtant beaucoup.

Plus que jamais, elle est reconnaissante à la vie, à la chance insolente qui lui permet de pouvoir apprécier l'existence à des degrés et à des hauteurs divers, au milieu de ses sujets, tout en étant de condition à moitié divine. Bienheureux ceux qui peuvent se targuer de pouvoir jouir des bienfaits ignorés des dieux, tout en les recevant d'eux. L'immortalité a ses limites que compensent la folie et la précarité des mortels. Seuls ceux qui savent que dès lors qu'ils naissent, ils doivent mourir aussi, parviennent à jouir de l'existence avec rage et démesure, avant de disparaître dans l'immatérielle mémoire du temps que nul, jamais, ne remonte vraiment ! Mais, la folie en appelle idéalement à la sérénité salvatrice, qui permet à l'être de prendre la pleine mesure de sa propre existence, sans basculer dans les méandres de la pure démence. Consciente de tout ceci, Blisskiss se redresse pour faire face à Sica, puis elle lui parle enfin, de sa voix suave et envoûtante, qui se laisse solliciter sans jamais se répandre en vain, que son amie aime tant entendre :

« Sois bénie, Sica, toi qui m'apportes l'eau de la vie, alors même que j'errais aux confins du non-être pour mieux renaître à la mienne ! »

- Ma reine, je suis et heureuse et honorée de pouvoir vous servir, se réjouit naturellement la favorite, avant de l'interroger :

- Mais, Hushka, que veux-tu me dire exactement, en parlant des confins du non-être ?

- Ma chère Sica, sache que toute chose possède son propre pendant. La vie et la mort, la joie et la peine, l'exaltation et l'inertie, etc. Aussi, après avoir déployé une grande énergie pour faire converger les éléments en notre faveur, avec l'aval de Jakul, je me suis retrouvée sur le versant descendant de la pente qui représente mon propre chemin de vie. Il me fallait rééquilibrer les énergies véhiculées par mon être, dans son intégralité, afin de renaître à moi-même de façon à recouvrer mon plein potentiel vital.

- Et comment fais-tu donc cela, ma reine ?

- Ce n'est pas une chose qui s'enseigne ! Cela fait partie de tout ce que je suis et que tu pourras être, si tu me succèdes. En devenant reine, dès l'instant de notre consécration à Jakul, certaines choses s'inscrivent en nous de façon indélébile et nous pouvons recourir à l'une ou à l'autre, dès lors, selon les circonstances, sans aucun apprentissage ! Ce sont des choses que nous maîtrisons d'instinct, vois-tu ?

- C'est assez extraordinaire, ce que tu m'apprends là, Hushka ! Mêmes les plus grands mages, les plus grandes sorcières et que sais-je d'autre passent par une initiation rigoureuse, avant de devenir des maîtres dans leurs domaines respectifs, s'étonne Sica.

- La plupart d'entre eux, certes, mais non pas tous ! N'as-tu jamais entendu parler, par exemple, des héritages maudits qui font que certaines personnes se retrouvent à user de pouvoirs surnaturels malgré elles ? lui demande la reine.

- Si, j'en ai déjà entendu parler. Mais je croyais qu'il ne s'agissait là que de fables… !

- Eh bien, détrompe-toi ! Bien que nombre de choses relèvent de la l'imaginaire, d'autres ne font qu'inspirer les fables, dans une moindre mesure, qui plus est.

- Effectivement, je n'arrive toujours pas à comprendre comment nous avons pu remporter aisément la victoire, sans combattre, face aux redoutables pirates Kong-kozils.

- Tout d'abord parce que nous n'étions pas seules, contrairement aux apparences et, par ailleurs, parce que nos ennemis nous ont sous-estimées, l'instruit posément Blisskiss.

- Mais Hushka, pouvaient-ils seulement savoir que nous pouvions faire appel aux puissances des eaux afin de vaincre ? Nul ne l'aurait pu… ?

- Vois-tu, le plus fabuleux des rochers, s'il ignore qu'il finira par s'effriter pour n'être plus que pleines brassées de poussière, lorsqu'il embrassera les sombres abîmes de l'océan, n'est déjà plus qu'une pitoyable épave qui se contente de sa gloire sommaire et s'enivre de son apogée, ma chère amie, lui affirme encore la souveraine.

- Dans ce cas, comment savoir contre qui l'on se bat et quelles sont nos véritables chances lors d'un combat, si on ne doit jamais se fier aux apparences ? Comment seulement oser entrer dans la bataille dans ces conditions précises ?

- Rien n'est jamais simple, douce Sica ! Néanmoins, en gardant un regard éveillé et sans a priori, on peut souvent voir bien plus loin que n'importe quel mage, aussi grand soit-il !

- Puis-je me permettre une question indiscrète, Hushka ?

- Oui, mon amie, vas-y, je t'en prie !

- Que ressent-on en fusionnant avec un dieu tel que le très puissant Jakul, ma reine ?

- A dire vrai, faire corps avec Jakul, c'est comme cumuler en un seul instant une éternité d'orgasme. C'est embrasser l'infiniment grand, tout en n'étant qu'une portion de l'infiniment petit. Imagine-toi un feu d'artifices de plaisirs jaillissants qui te saisit, t'emporte vers des sommets éblouissants, t'enivre, tout en te vidant d'abord, pour ensuite te vivifier pleinement… ! Eh bien, il en est à peu près ainsi de mes rencontres fusionnelles avec le dieu. C'est aussi la raison pour laquelle je peux souvent rester seule, un certain temps, sans éprouver de désir d'accouplement avec un mâle. J'en suis rassasiée pour longtemps, à chaque fois.

- Quelle expérience formidable… ! s'extasie Sica dont les yeux brillent, à présent, autant d'émotion que d'admiration.

- Je ne te le fais pas dire, car elle l'est bien plus que tu ne peux te l'imaginer. Qui sait, peut-être pourras-tu vivre cela à ton tour, un jour, si Jakul te choisit comme reine, quand je me retirerai de mes fonctions ?

- Oh, ma reine, loin de moi l'idée de vouloir te remplacer. Je me demandais simplement ce que l'on ressent au cours d'une relation de cet ordre..., s'excuse vivement Sica, visiblement navrée de s'être montrée trop curieuse.

- Mais non, chère Sica ! C'est dans l'ordre des choses de chercher à savoir et je ne m'y oppose guère. Dès que j'aurai fêté mes cinquante printemps, le dieu se choisira une nouvelle épouse parmi les plus jeunes princesses, dont toi. Ce qui est tout à fait légitime. Je serai alors trop vieille pour pouvoir supporter des rapports sexuels aussi renversants. Je ne pourrai plus suivre dans ce sens, aussi bien physiquement qu'émotionnellement.

- Vraiment, merci à toi noble reine de m'avoir ouvert ton cœur, si promptement !

- N'es-tu pas aussi ma confidente et ma favorite... ? C'est donc tout naturel que je puisse m'en ouvrir à toi, sans réserve. Vois simplement là une preuve manifeste de mon affection et de ma confiance !

A ces mots, Sica baisse spontanément la tête et embrasse les pieds dénudés de sa maîtresse et reine ! Celle-ci passe une main câline dans ses cheveux et lui offre un sourire lumineux lorsque leurs regards se croisent. La suivante de Blisskiss comprend alors que la véritable noblesse, bien plus qu'un titre et un privilège, réside dans cette façon d'être absolument majestueuse dans les petites choses comme dans les grandes ! La reine, elle, est tout simplement heureuse d'avoir pu partager une part de ce bonheur indicible avec celle qu'elle tient dans la plus haute estime, autant pour son intelligence que pour ses qualités de cœur. Bienheureux ceux qui trouvent en un tel proche un véritable ami, capable de tout entendre, de tout supporter, au nom de la tendresse et de l'affection partagées.

Le reste du voyage se déroule sans encombre, et tous en profitent pour récupérer de l'intense émotion générée par l'attaque surprise des Kongkozils. Au soir du septième jour, depuis leur départ d'Hasgolan, les amazones accostent enfin sur les rives de Knoryl. Les lumières de la cité, nichée au creux d'un cirque de montagnes surélevé, brillent au loin de mille feux, tels de minuscules astres trouant le doux manteau de la nuit.

Installée dans une sorte de semi-cuvette, la cité royale déborde sur la vallée, située à une demi-heure de marche environ de la côte, en descendant doucement à flanc de coteau. Les demeures de pierre, séparées les unes des autres par des haies formées de piquets de bois, taillés en pointe, se superposent ou se suivent, de bas en haut et de gauche à droite. Tout au fond du cirque de montagnes où elle se niche, à l'endroit le plus élevé de la ville, en partie taillé à même la roche, se trouve le palais de la reine, constitué des appartements royaux, du centre administratif et de la grande salle d'audience servant également de salle de réception, à l'occasion. L'ensemble est accolé à une vaste cour, qui s'étend en longueur vers le centre de la cité et qui donne sur la place principale. Des caïlcédrats royaux, des flamboyants, des palmiers à chanvre et autres arbres d'ornement parsèment les jardins situés à l'arrière du palais, dans un ordre harmonieux. Les murs du palais, hauts d'au moins douze coudées, se referment sur le bâtiment imposant, constituant la salle du trône, dont l'entrée donne sur la grande place centrale. De hautes colonnes en pierres taillées soutiennent en partie les voûtes légèrement incurvées des divers corps de l'ensemble. Une superbe colonnade, disposée en hémicycle, court de part et d'autre des murs principaux de la salle du trône et s'étire de chaque côté sur une belle distance d'environ cent pieds. Les maisons de Knoryl s'étendent de long en large, sur des modèles variés, autour de cet ensemble remarquable. Bien que les vastes demeures appartiennent aux personnages de haut rang, tous les habitants du royaume, jusqu'aux serfs, disposent d'un habitat décent et disposent de l'essentiel pouvant leur permettre de mener une existence agréable. Tel un splendide joyau disposé presqu'au sommet de l'île, la cité royale de Knorylséa surplombe largement l'océan et offre une vue panoramique facilitant la surveillance de la zone côtière, sur une grande distance.

Au loin, à la lisière d'une forêt d'eucalyptus bleus, de cyprès et de filaos, un vaste désert de sable de couleur ocre broute un peu d'espace sur les terres fertiles. Les senteurs parfumées des vergers de citronniers d'orangers, de pommiers sauvages, de figuiers, de manguiers et d'autres arbres exotiques regorgeant de fruits mûrs parviennent agréablement aux narines des amazones, dès qu'elles accostent.

Sur les trois navires qui rentrent enfin de ce périple riche en rebondissements, c'est le soulagement général et, tous n'ont plus qu'une envie, fouler au plus tôt le sol de leurs aïeux. Au son du cor annonçant le retour de l'expédition au reste des Knoryliens, c'est la liesse partout. Les gens accourent, peu après, de tous les coins de la cité afin d'accueillir ceux qui reviennent de loin et pour les aider à décharger les lourdes cargaisons des vaisseaux.

Radieuses, bien qu'épuisées, les amazones ayant suivi la reine au cours de cette escapade rituelle débarquent à Knoryl, le pas alerte, le visage épanoui et la joie au cœur.

La première nuit de récupération complète passée, trois autres sont consacrées à des réjouissances royales. Tout d'abord, un culte est rendu à Jakul pour le remercier de son alliance et de son soutien plus qu'apprécié, à l'endroit dédié à ce dieu. Tous ceux qui sont en âge de marcher suivent le long cortège, mené par la reine et sa cour, vers une caverne rocheuse surélevée, située sur un promontoire, en bordure de mer, où les Knoryliens ont l'habitude de vénérer le dieu des eaux, de façon individuelle ou collective. Aucun sacrifice de sang n'y est célébré mais, plutôt, une offrande festive constituée des chants et danses de toute l'assistance. Serfs, garçons et hommes confondus, filles et femmes, dont une large majorité d'amazones, tous contribuent à l'allégresse générale à travers laquelle ils rendent grâce à leur bienfaiteur. Les knoryliennes ne sont pas toutes appelées à devenir guerrières. Celles qui le veulent peuvent mener une vie à l'ancienne, sans se contraindre à la mutilation et aux rites nécessaires pour accéder au rang d'amazone.

Chaque nuit, les festivités se poursuivent sur la place centrale de la cité, où des agapes sont données, à nouveau, afin de souligner le caractère réjouissant du pacte des Knoryliens avec le divin Jakul.

Dès le troisième soir, Blisskiss et ses suivantes tiennent pourtant conseil, avant l'une de ses nuits ouvertes à tous les plaisirs. Chacune rend compte à la reine des détails l'ayant interpelé lors de leur séjour en Hasgolan. Omphalée parle alors de l'altercation qu'elle avait eue avec la vieille femme haineuse sur la plage. Séliyem souligne à son tour qu'elle avait également noté, à plusieurs reprises, une certaine animosité dans l'expression du visage de certains Hasgolians. La reine prend note de ces observations et ajoute :

« Même si nous n'avons nulle idée de ce que nous réserve l'avenir, ces signes ne doivent pas être pris à la légère. Nous devons nous préparer à d'éventuels changements dans nos rapports avec nos alliés d'aujourd'hui, sans pour autant dramatiser. Un guerrier doit toujours se tenir prêt, que le temps soit à la guerre ou plutôt de paix. »

L'assemblée débat encore à propos d'autres sujets, tout aussi importants, lorsque Ankora, la fille de la reine, s'introduit dans la salle d'audience, salue, s'avance vers sa mère et l'apostrophe :

- Chère mère, j'ai appris une chose curieuse à propos de laquelle j'aimerais faire la lumière.

Chez les Knoryliens, le tutoiement est de mise entre tous, même avec les serfs. Seuls les étrangers de sang noble sont vouvoyés, selon le protocole.

- Je t'écoute, ma fille..., lui répond aussitôt Blisskiss, sans se départir de son calme.

- J'ai appris, ma reine, que vous aviez volontairement décliné la proposition du chef des Hasgolians de laisser certains de ses hommes nous accompagner à Knoryl. Pourquoi avoir refusé une telle offre ? Au pire, ils nous auraient servi d'esclaves, non… ?

- Ma chère enfant, les choses sont loin d'êtres aussi simples que tu ne te l'imagines. Sache que nombre de royaumes et de civilisations ont été détruites, à jamais, pour moins que ça.

- Comment cela se peut-il ?

- Tout simplement parce que les hommes qui voulaient nous suivre ne le désiraient, que séduits par les quelques nuits partagées avec les nôtres. Ils ne savent rien de nos coutumes, de nos valeurs, de nos aspirations.

- Mais ce sont des choses qui peuvent s'enseigner et qu'ils auraient très bien pu assimiler, à la longue… ?

- Tu oublies, ma chère enfant, que ces hommes ont grandi

avec une certaine idée du monde, des choses de la vie et de la façon dont ils pensent qu'elles doivent être régies ! On ne change pas les valeurs et la conscience d'un homme, aussi aisément que tu sembles le croire.

- Ils me semblaient plutôt intelligents, ces Hasgolians, ma mère...

- L'intelligence ne suffit pas toujours pour se défaire de certaines habitudes, sans parler des préjugés.

- Mais de quoi s'agit-il exactement, ma mère ? qu'est-ce qui peut bien pouvoir empêcher un homme doté de bon sens de prendre le meilleur parti de la vie qui s'offre à lui ?

- Eh bien, les convictions irréductibles, ma fille ! Sache donc que les croyances sont bien plus redoutables qu'il n'y paraît. Ce sont des germes qui prennent racine au plus profond de l'être et qui régulent toute son existence de façon plus ou moins apparente.

- Nous avons-nous aussi nos cultes, mais cela ne nous empêche pas pour autant d'aller vers les autres, en respectant leur façon d'être..., souligne la jeune fille, à nouveau.

- Et tu dis juste, en exprimant cela. Simplement, tout le monde n'a pas la même vision des choses que nous. Je vais te raconter une histoire. A présent, écoute :

« Il existait, il y a longtemps de cela, un royaume puissant et prospère qui se trouvait bien loin d'ici, là où, dit-on, l'on peut marcher droit devant soi, des mois durant, sans se retrouver face à l'océan. Les gens venaient admirer de partout les merveilles dont regorgeait ce pays : ses somptueux palais, ses cités riches, belles et propres, l'élégance de ses habitants, le raffinement de leurs mœurs. C'était à croire que tout, chez ce peuple, procurait la joie, valorisait l'être, célébrait la vie et suscitait l'admiration, tout comme l'envie. Sauf que, l'envie et la jalousie, filles et mères de la rapacité, engendrent partout la haine, qu'elles entretiennent et dont elles se nourrissent, pour tout détruire sur leur funeste passage.

Ainsi donc, les visiteurs de ce royaume allaient et venaient, sans pouvoir se lasser des douceurs dont ils s'y abreuvaient, ne tarissant pas d'éloges à propos de ce peuple, par ailleurs, dès qu'ils s'en éloignaient. Mais tous ne voyaient pas d'un bon œil l'existence d'un royaume aussi enviable. Certains commencèrent à accuser ce peuple aussi généreux qu'aimable d'avoir des mœurs dissolues et d'inciter les autres aux pires bassesses dont la débauche et la lésine. Ils s'installèrent petit à petit dans ce royaume où tout leur était aisément accessible, se mirent à critiquer les gens et leurs manières, prétendant que les leurs étaient, en tout point, supérieurs à celles de leurs hôtes. Puis, inévitablement, ils voulurent imposer leurs mœurs à ces derniers, en commençant par instruire les esprits faibles parmi les autochtones. A force d'arguments et de subtiles manipulations ils leur firent croire que leurs cultes à eux étaient les seuls salvateurs, blâmant, dès lors, tout culte étranger aux leurs, comme étant de nature vile et démoniaque.

Leurs idées firent leur chemin, gagnant de plus en plus d'adeptes à leurs fausses promesses de rédemption. Lorsque les natifs du royaume se rendirent compte du péril introduit chez eux par ces affabulateurs, il était déjà bien trop tard. Alors, ils n'eurent plus qu'à se maudire et à pleurer avec grande amertume leur manque de discernement des plus criants au sujet des véritables desseins de ceux qu'ils avaient accueillis à bras ouverts, sans méfiance aucune. Lorsqu'ils virent leurs palais saccagés, leurs biens les plus chers détruits et leurs coutumes dénaturées, au nom de la nécessité d'une vie rigoriste détournée de tout plaisir, ils n'eurent plus qu'à se recouvrir la tête de cendres et à déchirer leurs propres vêtement pour se punir d'un tel aveuglement. Et, lorsqu'ils se virent courber l'échine, avec les leurs, et marcher honteusement dans les pas de ceux qui n'avaient jamais rien construit d'édifiant. Ceux qui ne savaient semer que ruine et destruction les tenaient alors fermement sous un joug abominable. Mais lorsque les natifs de ce royaume, autrefois splendide, constatèrent tout cela, leurs cris de douleurs furent si déchirants qu'ils fendirent l'âme de nombre d'entre eux ! Je te dirai encore, pour finir, que les germes des croyances radicales et intolérantes s'ancrent si profondément dans l'être, parfois, qu'il est presqu'impossible de les déloger de l'esprit des gens les plus perspicaces. Ceux-ci vouent, de fait, leur savoir et leurs aptitudes mentales à l'édification des dogmes dans lesquels ils ont grandi, car ils les ont modelés et asservis, à leur insu, de façon puissante et profonde. Si tu veux prendre le risque d'inviter un étranger chez toi, assure-toi d'abord de sa capacité et de sa volonté à s'intégrer, sois toujours prête à affronter les dérives pouvant naître d'éventuelles tentatives d'usurpation de tes biens, de la corruption de tes valeurs les plus chères et de l'anéantissement du mode de vie que tu chéris vraiment. Quant à nous qui sommes issues de la digne et brave lignée des amazones, notre choix de vie se situe tellement à l'opposé de ceux des autres peuples de la terre, qu'il ne peut que susciter qu'animosité et envies mesquines de la part de ceux qui ne peuvent ni l'accepter ni le tolérer ailleurs comme chez eux. Nous devons, par conséquent, redoubler de vigilance et nous montrer bien moins accessibles à ceux qui n'aspireront qu'à remettre en question ce que nous sommes, par pur désir de puissance. Ces Hasgolians qui voulaient nous suivre, si intelligents et si sympathiques fussent-ils, auraient fini par se lasser de ce qui ne leur est pas vraiment coutumier. Après s'être bien amusés, ils auraient trouvé bien moins réjouissant de ne pouvoir rien entreprendre de glorieux pour eux-mêmes, sur notre sol. Ils se seraient rebellés contre nos lois, auraient revendiqué les mêmes droits, et pourraient aussi conspirer contre nous pour devenir nos maîtres... ! »

- Effectivement, je n'avais pas envisagé les choses sous ces divers angles..., admet enfin la princesse, en se baissant pour embrasser la main droite de sa mère, dont elle vient de se saisir.

- Mais, ma chérie, tu es la bienvenue ! Reviens donc me poser des questions, sans te soucier de me déplaire ou non. L'eau fraîchement tombée dans la rivière y est la bienvenue et elle doit se mêler à la masse liquide préexistante pour en nourrir le cours. Sens-toi toujours bienvenue, ma fille !

- Je suis tout de même confuse ma mère, d'être venue à toi de la sorte, gonflée de prétention et imbue de ma personne.

- Allez, va vite rejoindre tes amies, qui t'attendent sûrement déjà pour la veillée de ce soir, et ne t'en fais donc pas pour moi. Une amazone qui n'est pas curieuse ne sait toujours pas d'où elle vient ni le chemin qu'il lui reste à parcourir, pour s'accomplir vraiment !

- Tu ne m'en veux donc pas, mère... ?

- Nullement, ma fille, nullement ! Je préfère les êtres de caractère à ceux qui acceptent tout, sottement ! Blisskiss pose alors une main bienveillante sur la tête joliment coiffée de sa fille, lui donne sa pleine bénédiction et la laisse aller.

La reine Blisskiss a enfanté d'un garçon, environ neuf mois après le retour d'Hasgolan. Cent cinquante autres amazones ont également donné naissance à des enfants des deux sexes. Tous, à l'exception du fils de la reine, furent nourris au sein par leur mère naturelle trois mois durant, avant d'être confiés aux nourrices des crèches du royaume. Les amazones sont retournées à leurs occupations habituelles, dès lors, ne visitant la crèche que pour s'assurer du bien-être des enfants et pour leur prodiguer un peu de tendresse maternelle. Les enfants de sexe femelle seront dissociés de ceux du sexe mâle, dès l'âge de trois ans, pour une éducation spécifique à leur genre, selon les lois alors en vigueur dans le royaume des amazones.

Le bébé de Blisskiss, lui, a été rendu à son père au cours d'une cérémonie particulière qui a eu lieu au bord de la mer, le soir du septième jour après sa naissance. Sa présence prolongée sur terre au sein d'une existence humaine normale l'aurait rendu inapte à la vie sous-marine. Blisskiss confie elle-même son fils à son divin père, venu le récupérer pour l'emmener vivre avec lui, de la meilleure façon possible, selon son rang. La reine en profite pour dire adieu à son enfant, qu'elle ne reverra jamais plus.

Au son des gongs et des chants de dévotion implorant sa présence, le dieu protecteur de l'île apparaît de façon souveraine au milieu des flots, au bout d'un moment. Porté sur la crête même des vagues qui s'étirent en courbes régulières et vives vers la plage, il pose bientôt pied à terre au milieu des acclamations. Blisskiss s'avance vers lui, aussitôt, le salue en une révérence gracieuse, tout en tenant l'enfant dans ses bras. Puis elle s'agenouille à deux pas du colosse, baisse la tête, et lui tend son fils de façon respectueuse et résolue. Jakul caresse d'abord l'une des joues de son épouse terrestre, comme pour en chasser angoisse et tristesse, avant de s'emparer de son enfant qu'il emporte, sans plus attendre. Les musiciennes accompagnant la cérémonie jouent alors des notes mélancoliques pour marquer l'adieu au fils de Blisskiss. Peu après, ce sont des notes joyeuses qui s'élèvent des harpes, des cithares et des flûtes, en hommage à cette nouvelle vie princière qui attend l'être hybride qui s'en va se fondre dans le monde des ondes.

Deux belles années se sont déjà écoulées, depuis la dernière escapade rituelle des amazones.

Un ciel bleu, superbement ensoleillé, domine à présent Knoryl et ses environs. Des hauteurs rocailleuses aux vallées verdoyantes qui s'étalent en contrebas, jusqu'aux rives sablonneuses par endroits et rocheuses par d'autres, l'île jouit paisiblement d'une belle journée d'été, après trois jours tourmentés par un effroyable ouragan. Jours terrifiants au cours desquels des vagues tumultueuses s'élevèrent et culminèrent à des hauteurs incroyables, érigeant des murs gigantesques, infranchissables, avant de s'abattre avec violence sur tout ce qui se trouvait à leur portée. Les îliens s'étaient alors réfugiés chez eux, en attendant que le pire s'éloigne. Le vent avait soufflé par puissantes rafales, poussant des rugissements assourdissants, comme une masse d'air phénoménale se frayant finalement un chemin vers l'extérieur, à travers une caverne dans laquelle elle était prisonnière. Au lendemain du quatrième jour, tous découvrent, consternés, les innombrables ravages laissés derrière lui par ce fléau aussi incontrôlable que terrible.

Chacun vérifie l'état de son habitat, de ses biens. De nombreuses toitures nécessitent d'être déblayées en urgence des branchages et des lourdes pierres dont elles sont encombrées, afin de ne pas fragiliser l'armature des maisons. Le bétail a été malmené un peu partout par la violence du vent et par les projections de débris divers dans les enclos. Nulle perte humaine n'est à déplorer, par chance. Seules quelques bêtes ont été retrouvées foudroyées, leurs carcasses ayant déjà été nettoyées par les vautours et autres rapaces ayant tiré profit de cette manne providentielle. L'île vient d'échapper au pire, miraculeusement, car les vagues géantes dont elle vient d'être la cible n'ont pas manqué de semer ruines et désastres ailleurs, laissant des populations entières saisies d'effroi et désespérées.

Les Knoryliens sont tous occupés à réparer les dégâts laissés par l'ouragan, dans un remue-ménage inhabituel, mais de circonstance. A la cour comme ailleurs, c'est l'affairement général ! Soudain, des cris d'appel se font entendre au loin. La plupart des habitants de la cité royale s'empressent de sortir de chez eux et accourent en direction des rives d'où leurs parviennent les voix. Les premiers d'entre eux se retrouvent bientôt devant deux pêcheurs qui annoncent, essoufflés et d'une voix entrecoupée, en tendant la main vers l'océan :

« Des hommes blessés... là-bas, sur la plage... ! »

Des envoyés de la cour s'organisent aussitôt et rassemblent un groupe d'amazones et de serfs robustes afin d'aller constater la réalité de plus près, pour pouvoir agir au mieux.

Dès qu'ils parviennent à distinguer les abords de la rive sablonneuse des abords de la cité royale de Knorylséa, ils aperçoivent d'innombrables débris d'un navire, probablement échoué non loin de là. Leurs regards se posent instinctivement sur un groupe de pêcheurs réunis autour de gens dont ils distinguent vaguement les formes. A mesure qu'ils se rapprochent d'eux, ils constatent que les Knoryliens entourent en réalité des hommes couchés à même le sol.

Une fois près d'eux, ils réalisent que seuls quelques survivants essaient encore de remuer faiblement les lèvres ou de battre légèrement des paupières afin de signaler aux îliens qu'ils sont toujours vivants. La plage offre alors la vision désastreuse d'un vaste champ semé de restes de corps humains entremêlés aux débris matériels provenant du vaisseau naufragé. L'équipe accourue prend rapidement les opérations en charge, de façon coordonnée et efficace. Les quelques survivants sont transportés dans la cité sur des brancards composés de cadres rectangulaires en tiges de bambou, attachées aux extrémités par un cordage végétal plutôt solide. Des bandes de raphia tissé, enroulées autour des deux barres parallèles les plus longues, offre une couche tout à fait confortable aux blessés qui reposent sur ces moyens de transport de secours occasionnels.

Arrivés au cœur de l'agglomération, les malades sont rapidement installés dans la grande demeure réservée aux visiteurs, mais rarement occupée jusqu'alors. Les chamanes accourent auprès d'eux, à leur tour, et leur dispensent les soins de première nécessité, avant d'aller préparer les breuvages et les baumes pouvant activer leur guérison. Tout sera mis en œuvre pour essayer de sauver ceux qui auront la force de survivre à ce naufrage, en fin de compte. La règle ancestrale de l'hospitalité n'a pas varié à Knoryl depuis la nuit des temps, même si les séjours durables n'y sont guère admis. Les ordres de la cour sont donc formels : « Faire le maximum afin d'arracher ces hommes aux griffes acérées de la mort, dont l'ombre funèbre plane encore sur eux, afin de leur permettre de retourner chez eux au plus vite ! »

Quelques jours plus tard, les nouvelles qui parviennent à la reine, alors en réunion hebdomadaire avec le conseil, s'avèrent plutôt prometteuses. Sept des dix hommes retrouvés, entre la vie et la mort, sur la plage sont toujours vivants et récupèrent, jour après jour, de façon satisfaisante.

« À présent que nous sommes à peu près fixées sur le sort de ces étrangers, mes amies, qu'allons nous faire d'eux ? », interroge la reine en s'adressant à l'assistance.

- Les laisser reprendre des forces, puis les renvoyer chez eux, comme nous l'avons toujours fait ! lui répond aussitôt, d'une voix égale, l'une des douze.

- Au vu de leur état actuel, il leur faudra certainement du temps pour récupérer, avance une autre.

- Nous devons donc envisager le plus rapidement possible de quelle façon nous allons pouvoir les garder sur notre île, en attendant qu'ils soient capables de s'en aller, si possible, chez eux, réaffirme Blisskiss.

- Effectivement, nous n'avons d'autre choix que de prendre soin d'eux, le temps de leur complète guérison. Toutefois, nous pourrons les renvoyer vers d'autres horizons, dès qu'un navire accostera sur nos rives, suggère Sica.

- Tant qu'ils résideront à Knoryl, ces inconnus devront se conformer à nos mœurs. Il nous faudra veiller à ce qu'ils ne puissent en aucun cas se retrouver seuls en présence des serfs, et je préconise une surveillance rigoureuse autour de leurs allées et venues, et de leurs faits et gestes. Nous ne pouvons prendre le risque d'entretenir d'éventuels semeurs de trouble dans notre royaume, en sachant que nos mœurs sont loin d'être partagées par la plupart des autres peuples ! souligne Blisskiss.

- La reine a raison, nous devons veiller à ceux que notre belle générosité envers ces étrangers ne se retourne contre nous, tôt ou tard, acquiesce Sica !

- Je fais le nécessaire dès aujourd'hui afin qu'une garde efficace se charge de les surveiller nuit et jour, affirme dès lors Hesslazié, la conseillère chargée de la sécurité et de l'organisation militaire de l'île.

- Bien, nous tâcherons de les divertir au mieux, afin qu'ils emportent avec eux d'excellents souvenirs de leur séjour sur nos terres, poursuit Blisskiss, d'une voix plus détendue, avant préciser :

- Oui, nous leur offrirons le meilleur de ce dont nous disposons. Tant qu'ils s'amuseront, ils ne songeront guère à vouloir s'immiscer dans nos affaires, ni à s'employer à nous nuire !

- Nous voyons là une idée lumineuse ! Vraiment, Blisskiss,

notre reine est une souveraine avisée et pleine de ressources ! Nous ne pouvons qu'approuver et soutenir ses mesures judicieuses ! approuve Sica, d'une voix enthousiaste et admirative.

- Vive Blisskiss, vive notre reine bien-aimée… ! s'exclament à leur tour les onze autres, sous le regard imperturbable et serein de celle qu'elles acclament toutes.

Tandis que le conseil s'émeut et se réjouit de la chance qu'a Knoryl d'avoir à sa tête un monarque digne de ce nom, l'esprit de Blisskiss se tourne déjà vers les horizons encore diffus du futur, afin de glaner les éléments de réponse qui lui permettront d'être parée à gérer toute éventualité non encore perceptible. Loin de la vaine agitation de l'élan de sympathie spontané qui vient de monter aux lèvres de ses conseillères, la reine cherche à voir toujours plus loin, plongée dans le silence recueilli du cœur que rien ne trouble inutilement. Sa pensée explore le champ brumeux des lendemains incertains qui se profilent déjà et qui viendront sûrement s'imposer, en leur temps, avec leurs lots de surprises.

« Ces étrangers, d'où viennent-ils, où allaient-ils avant de s'échouer sur l'île et qu'apportera, en vérité, leur présence à Knoryl, l'île des nobles amazones, audacieuses et insoumises ... ? Pendant combien de temps encore son peuple restera-t-il à l'abri des forces adverses, qui n'hésiteront pas à s'unir, s'il le faut, dans le but de l'anéantir ?» Elle en a pleinement conscience, c'est l'existence même des irréductibles guerrières qui insupporte tant ceux qui se sont jurés de veiller à précipiter leur perte, par tous les moyens possibles.

L'avenir s'inscrit déjà en lignes incisives, pleines et saisissantes sur les pages du prochain volume de l'étonnante épopée des amazones du Knoryl.

Son titre :

Souviens-toi… !

www.euryuniverse.net